Jean-Paul Oberthür

UN DE VERDUN

HENRI OBERTHÜR

VERDUN

20 - 21Juin 1916

A Mon Père

PROLOGUE

« Que vas-tu bien pouvoir faire de tous ces papiers de ton père, de tout cela ? » me disait ma mère peu après que mon père nous ait quittés en mai 1983.

Ma sœur Françoise et mon frère Régis, qui n'habitaient pas Paris, ne tenaient guère à s'en encombrer, comptant plutôt sur moi pour les garder ; m'en séparer m'a paru impensable, sans savoir toutefois ce que j'allais en faire et découvrir.

J'avais en fait entre les mains un trésor mais je l'ignorais encore et je me disais qu'en prendre possession et en faire pleinement la découverte serait certes affaire de temps, mais le temps, je l'ai rattrapé aujourd'hui, et bien m'en a pris.

Trésor en effet que cette vieille petite boite en carton contenant toutes les lettres que mon père écrivait du front à ses parents, trésor aussi les notes et croquis de mon père qui accompagnaient et complétaient ses lettres, trésor encore ses merveilleux dessins, si parlants, qu'il avait pu faire durant sa captivité en Allemagne et qu'il avait réunis dans son calepin « En Bochie ».

J'ai d'abord laissé de côté les lettres de mon père, et ce n'est que bien après sa mort et celle de ma mère, après avoir moi-même quitté Paris et cessé mon activité professionnelle, que je me suis mis à les lire et relire, comme on aime le faire avec les écrits auxquels on tient. Mon père avait aussi beaucoup de livres, livres d'histoire surtout, notamment sur 14-18 et l'après-guerre, et j'ai alors mis la main sur deux petits bouquins de sa bibliothèque, assez anciens puisque l'un, de Robert Desaubliaux, son beau-frère, - *La Ruée-Etapes d'un combattant* - avait été publié en 1919, et l'autre - *Verdun (Opfergang)* - de Fritz von Unruh, publié en 1923. Mon père tenait à ces deux livres qui retraçaient les parcours de deux valeureux combattants, l'un du côté français et l'autre du côté allemand ; le chemin qui avait mené R. Desaubliaux à Verdun au fil des étapes que furent la Meuse, l'Yser, l'Artois, la Somme, qu'il appelle « la montée au calvaire », rejoignait celui qui conduisit F. von Unruh à l'Holocauste par l'Avance, les Tranchées, et l'Assaut qu'il appelle Opfergang, traduisons « chemin du sacrifice [1] ».

Une bibliothèque a une âme et sait parler à qui fait l'effort de s'y ouvrir, je l'ai compris.

En découvrant ainsi qui avait été mon père dont je ne connaissais que peu sinon rien de sa vie de combattant, j'éprouvais à la fois émotion et fierté. Oui, mon père s'était bien battu devant Verdun, ce terrible enfer si mémorable. Mais pourquoi alors n'a-t-il jamais abordé ce chapitre de sa vie avec ses enfants ? C'eût été facile, nous aurions pu travailler ensemble à l'évocation de ses souvenirs ; quel bonheur eût été pareille démarche pour sa famille, ses proches amis dont il parle d'ailleurs dans ses lettres et qu'il n'a cessé de voir depuis la fin de la dernière guerre.

Il n'en a rien été, et ce silence, m'a-t-on dit, ne doit pas étonner, il en serait ainsi dans d'autres familles, mais chaque survivant a ses propres raisons, je pense l'avoir compris s'agissant de mon père.

L'un des seuls souvenirs que j'ai pu garder est celui d'une conversation avec mon père au cours de laquelle il avait été question de Douaumont ; j'avais dû dire Douamont, et mon père, une pointe subite de lumière dans son regard, m'a dit : non, pas Doua, mais Douau, Douaumont.

C'est bien peu.

Quoi qu'il en soit, la commémoration du Centenaire de 1914 se préparait, et c'est maintenant celle de Verdun, 1916 : Verdun au cœur des années de guerre traversées heureusement en définitive par mon père ; Verdun, ce terrible affrontement franco-allemand comme l'a été la Marne ; Verdun, victoire si chèrement acquise au prix d'une résistance acharnée pour tenir face à l'ennemi.

[1] Robert Desaubliaux, *La Ruée – Etapes d'un Combattant*, Bloud & Gay, Editeurs, Paris 1919 / Fritz von Unruh, *Verdun (Opfergang),* traduction de Benoist-Méchin, Aux Editions du Sagittaire, Paris 1923, chez Simon Kra.

J'ai vraiment compris alors toute la valeur et l'intérêt du témoignage de mon père : son départ volontaire au front en 1915 pour la durée de la guerre alors qu'il n'était qu'un adolescent de 17 ans, sa guerre en 1916 dans les tranchées en Champagne, puis Verdun où il s'est battu presque seul de sa section en résistant à l'une des offensives ennemies les plus meurtrières, sa captivité en Allemagne et ses évasions du camp de représailles de Lechfeld où il était prisonnier jusqu'à la fin de 1917, son internement enfin en Suisse dont il revient à l'été 1918 pour retrouver la liberté.

La mémoire, celle de mon père, ne sortait donc pas seulement de la tranchée, comme on a pu le dire des lettres que beaucoup de combattants envoyaient à leurs proches, mais elle devient témoignage, à charge même à certains moments et circonstances de son engagement.

Ce devoir de mémoire envers mon père, je me suis dit que je ne pouvais m'y soustraire et laisser dans l'oubli ce dont nous, ses enfants, étions les dépositaires. Le silence qu'avait gardé mon père ne devait pas nous interdire de faire revivre les souvenirs qu'il avait laissés, d'autant plus qu'aucune distance n'a séparé sa génération de la nôtre, ne s'est jamais installée entre lui et nous ; la famille ne nous a pas séparés, nous avons bien connu tous ceux, parents et amis, dont il parle dans ses lettres.

C'est donc avec entrain que je me suis attelé à l'écriture de ces pages, encouragé en particulier par une personne dont la démarche m'a servi

d'exemple et que j'ai tout de suite écoutée. Martine Veillet en effet a publié les enregistrements des souvenirs de son grand-père, Louis Maufrais, jeune médecin qui avait fait toute la Grande

Guerre [2] ; Martine Veillet m'a incité à entreprendre la même démarche, me disant : « votre projet, je voulais juste vous dire que je suis convaincue qu'il trouvera un public. D'abord il ouvre un chapitre de l'histoire peu abordé, celui des prisonniers de guerre. Le sujet s'étend sur une période courte et dense : 1916, l'année de Verdun… et surtout vous avez un matériau merveilleux, la correspondance et les dessins de votre père ».

Verdun est bien au cœur de l'engagement de mon père, l'Un de Verdun parmi tant d'autres.

Mon travail m'a rapproché de mon père, mieux fait connaître son caractère, forgé à l'épreuve de ce qu'il a enduré, mieux fait comprendre ce qu'il a ressenti ; j'ai été conduit ainsi à certaines interrogations auxquelles je ne pouvais tenter de répondre qu'après avoir reconstitué son parcours de combattant et de prisonnier ; j'ai abordé ces questions dans la postface de mon texte.

---

[2] Louis Maufrais, *J'étais médecin dans les tranchées 2 août 1914-14 juillet 1919*, Robert Laffont Paris 2008

VOLONTAIRE POUR LE FRONT A 17 ANS

26 février 1915 : Henri Oberthür s'engage volontairement pour la durée de la guerre ; il a tout juste 17 ans et même pas 3 mois, c'est donc avec l'autorisation de sa mère qu'il s'engage, son père, médecin, venant lui-même de partir au front en Argonne.

Pourquoi cette décision, alors qu'il est si jeune, qu'il n'est qu'un adolescent ?

Certes, à 17 ans, on est prêt à toutes les aventures, et c'est dans cet état d'esprit qu'il faut peut-être se mettre pour comprendre mon père : impatient de partir au front, pas mécontent de pouvoir fourrer une « frottée » aux Boches, comme il l'écrit à sa mère en avril 1916 en quittant la Champagne pour Verdun.

Mais ce n'est pas une explication suffisante, il faut chercher ailleurs.

26 février 1915 : deux centième jour d'une guerre qui devait en compter mille trois cent vingt-deux. C'est une année stérile qui n'a pas apporté la joie que pouvait promettre quelques mois plutôt la victoire de la Marne qui a sauvé Paris et arrêté l'avance ennemie. C'est aussi une année trompeuse qui n'a pas non plus fait croire qu'après la terrible année 14 qui venait de faire un million de tués en 3 mois, ce serait au moins le prix payé pour le reflux des Allemands, leur épuisement, le fléchissement de leur défense.

1915 est toutefois une année salutaire car elle a obligé à plus de lucidité, à ne plus se faire d'illusion quant à une issue prochaine de la guerre.

« La guerre n'est pas finie », titre un article du *Temps* repris par *Sud-Ouest* dans son édition de Rennes du 18 décembre 1914, après La Marne. On commence donc à prendre conscience en 1915 que la guerre va durer, ce que les combats qui reprennent après que les Allemands aient organisé et stabilisé leur ligne de défense de la Mer du Nord à la Suisse, vont malheureusement confirmer.

C'est en Argonne, vaste massif forestier entre Champagne et Meuse, que, dès février et jusqu'à l'été 1915, en particulier au fameux bois de la Gruerie, les affrontements sont les plus meurtriers de jour comme de nuit, et c'est en Argonne que les premiers gaz asphyxiants ennemis font leur apparition[3].

La situation va empirer à l'automne 1915 en Champagne, d'autant que la presse est elle-même prise d'un patriotisme qui la conduit à dépasser l'information militaire pour évoquer, au-delà des nouvelles du front, les exactions ennemies et y sensibiliser l'opinion ; un journal comme *Le Petit Fougerais* par exemple dénonce ainsi « l'odieuse façon dont les Allemands font la guerre et transportent d'horreur le monde civilisé, révolté de cette sauvagerie qui n'a d'égale que celle des barbares d'autrefois [4]»

La patrie est à nouveau véritablement en danger : elle a besoin, il lui faut un immense élan pour être sauvée, et c'est dans le « saint-patriotisme » qu'elle va le trouver, profondément ancré dans beaucoup de familles, en particulier celles de la bonne bourgeoisie chrétienne de province, de Bretagne notamment, et donc celle de la famille Oberthür de Rennes, celle de mon père. Patriote, on l'était effectivement, on l'avait toujours été dans la famille Oberthür.

La famille Oberthür a pour patrie l'Alsace et la Bretagne, creuset de ce patriotisme qui était au cœur des générations depuis bien avant 1838, cette date étant celle du jour auquel François Charles Oberthür, venant de Strasbourg, s'arrête à Rennes et y fonde l'imprimerie quelques années après ; son fils aîné, Charles, à qui il est demandé en 1915 de justifier de la nationalité française de la société anonyme des imprimeries Oberthür, répond avec indignation en rappelant que son père, François Charles, comme son grand-père, François–Jacques et lui-même, ont toujours été Français et en soulignant l'attachement profond de la famille pour l'Alsace et Strasbourg, « détachés de la France comme partie de

---

[3] Martine Veillet, *Ils étaient camarades de tranchées – Sur les traces de Louis Maufrais,* p.58-91, Robert Laffont, Paris 2014

[4] Patrick Mougenet, *En Arrière du Front,* « les populations d'Ille et Vilaine dans la Grande Guerre » , catalogue de l'exposition 10 octobre 1998-8 février 1999, Musée de Bretagne Rennes

la rançon payée à l'Allemand [5].» Les deux fils de Charles, Charles et Joseph, s'engagent dès le début de la guerre ; Charles, officier d'artillerie, restera en arrière du front au contact des unités combattantes qu'il a pour mission de ravitailler en armement ; Joseph, son frère, qui est le père d'Henri, part aux premiers jours de février 1915 rejoindre en Argonne le 94° RI auquel il est affecté comme médecin de l'un des bataillons, alors qu'il aurait pu rester à l'arrière étant donné son âge et ses charges de famille.

Catholique, on l'était tout autant, on l'avait toujours été à Rennes dans la famille, et le catholicisme est une voix qui sait se faire entendre et s'allier au patriotisme.

François Charles Oberthür, protestant de très bonne foi, s'était converti au catholicisme en 1844 sous l'influence de son épouse, Marie Hamelin. Il devait se montrer un grand patron chrétien ; c'est en reconnaissance de toutes les mesures sociales qu'il avait prises en faveur du personnel de l'Imprimerie que Sa Sainteté Léon XIII l'élève au titre de Chevalier de l'Ordre de Saint-Grégoire-le-Grand et lui fait remettre le jeudi saint 7 avril 1887 par Son Eminence le cardinal Place, archevêque de Rennes, Dol et Saint-Malo, revenu de Rome la veille, l'insigne de la croix propre aux chevaliers de l'Ordre[6].

Charles Oberthür fut un aussi bon catholique que son père et il ne pouvait à ce tournant de la guerre en 1914-1915 rester étranger à cette union de l'Eglise et de la République pour le salut de la patrie. Toute la famille, ses enfants et petits-enfants, donc mon grand-père Joseph, et son fils Henri, mon père, étaient à l'écoute, à Rennes comme à Paris, de la voix pastorale, celle de l'archevêque de Rennes et surtout celle de Mgr. Mercier, cardinal-archevêque de Malines. La « sublime » lettre pastorale de Malines du 8 janvier 1915 sur le patriotisme et l'endurance a eu un écho retentissant, au-delà même des milieux catholiques ; il convient de rappeler quelle a été la profonde indignation du monde civil lorsque l'Allemagne, pour étouffer la parole du « magnanime prélat », le fit prisonnier en son palais et garder par la troupe à Malines, comme elle fit de même pour tous les presbytères des environs de Malines et d'Anvers, multipliant les perquisitions dans les paroisses pour saisir les

[5] Louis Jenin, *L'Imprimerie OBERTHUR à livre ouvert*, p.91-94, Editions ELJIE 2001

[6] Louis Jenin, *L'Imprimerie OBERTHUR à livre ouvert* p.63-64, Editions ELJIE 2001

exemplaires de la Lettre jusqu'à faire surveiller, baïonnette au canon, les prêtres pour leur interdire d'en donner lecture en chaire.

A Paris, comme en province, les grands journaux quotidiens, relataient ces faits, les familles en étaient informées ; il ne pouvait en être autrement dans la famille Oberthür, mon père ne pouvait pas alors ne pas en entendre parler.

Henri Oberthür était resté seul à Paris au moment de s'engager le 26 février 1915 ; il avait vu son père la dernière fois quelques jours au par avant à Coëtquidan, et c'est à cette occasion qu'il fit la connaissance de Louis Maufrais, jeune médecin qui partait en même temps que son père sur le front de l'Argonne. L'ambiance du camp, les préparatifs et les mouvements des hommes en partance, tout cela ne pouvait qu'impressionner mon père. Joseph Oberthür, mon grand-père, médecin major de bataillon, affecté comme Louis Maufrais au 94 ° RI, avait pris sous son aile dès le départ de Coëtquidan pour l'Argonne son jeune confrère[7].

Mon grand-père, avec l'autorité qui était la sienne, ne montrait-il pas l'exemple à son fils, exemple que mon père se devait de suivre ? N'at-il pas pesé sur sa décision ?[8] « Henri est parti avec mon assentiment absolu » disait expressément mon grand-père dans une lettre qu'il adressait en 1916 au colonel commandant le 54°RI (le régiment de mon père) pour lui apprendre que son fils était vivant, prisonnier et soigné à l'hôpital de Munich : pourquoi tant d'insistance de la part de mon grand-père, sinon me semble-t-il, pour ne pas se voir reprocher d'avoir demandé à son jeune fils d'avoir pris une décision que l'autorité paternelle lui imposait ?

Il faut aussi se dire qu'on ne s'engageait plus en 1915 avec la même ferveur patriotique qu'en 1914 lors de la mobilisation générale ; la prolongation de la guerre et le bilan toujours plus lourd

---

[7] Rencontre décrite par Martine Veillet dans les souvenirs qu'elle évoque : *Ils étaient camarades de tranchées – Sur les traces de Louis Maufrais*, p. 48-57.

[8] C'est bien ce qu'il faut comprendre d'une note écrite par mon père sur la copie de sa demande d'obtention de la Médaille des Evadés en 1928 et qui porte en effet cette mention significative : «volontaire pour la durée de la guerre le 26 février 1915 à 17 ans – mon père étant à cette époque médecin de bataillon du 94° RI en argonne – <u>sur sa demande</u> – autorisation maternelle » .

des tués et des blessés ont une répercussion immédiate sur le nombre des engagements qui accusent alors une forte baisse.

Seuls de très jeunes hommes, animés d'un fort esprit patriotique, s'engagent volontairement pour la durée de la guerre, et tel est bien le cas de mon père[9].

Sur la voie qu'il a suivie, mon père s'est engagé sans se poser de question, pas de vacarme intérieur, le saint-patriotisme a pu certes le conforter dans sa décision, l'autorité de son père a été certainement déterminante ; la guerre, il fallait la faire et il l'a faite, comme d'autres dans la famille, mais nul esprit de haine n'a pu et n'a jamais pu du reste l'animer ; il n'était pas de ceux, valeureux engagés aussi, pour lesquels « Haïr, il faut haïr ! Haïr jusqu'à l'enthousiasme ! » pour citer le poème d'Albert-Paul Granier, aviateur mort en plein vol, atteint par l'artillerie le 17 août 1918.

---

[9] Sur ce point : l'intéressante analyse de M. Philippe Boulanger, *L'engagement volontaire en 1914* , Université de Paris-Sorbonne, Institut de Géographie.

INCORPORE DANS L'INFANTERIE

Sitôt son engagement contracté, Henri Oberthür est incorporé le lendemain 27 février 1915 comme simple soldat au 102 ° Régiment d'Infanterie.

L'infanterie, c'est l'arme qui désormais dans cette guerre de tranchées doit supporter tous les dangers ; sous le couvert « d'occuper » alors que l'artillerie « conquiert » selon les grands mots de Joffre, l'infanterie est là pour les assauts, la résistance aux assauts sous le feu ciblé de l'ennemi dans l'enfer des barbelés. La guerre, a-t-on dit, ne tue pas indistinctement, mais c'est dans l'infanterie qu'elle choisit de préférence ses morts. Mon père a tenu à y partir, n'a pas hésité un seul instant, n'a pas cherché à bénéficier de certains avantages comme le choix[10] de l'arme d'incorporation. Pareil calcul ne l'a jamais habité.

C'est la volonté de Dieu que d'accepter les douleurs de la guerre, comme *La Semaine Religieuse* du diocèse de Rennes le donnait déjà à

---

[10] C'est au contraire ce qui a pu expliquer la reprise du nombre des engagements volontaires après 1915, alors que ce n'était qu'» une vague de planque », comme on l'a dit, et non le signe d'un subite engouement patriotique.

Cf : Philippe Boulanger, *L'engagement volontaire en 1914* .

entendre le 9 septembre 1914, et comme mon père a dû l'entendre dire aussi ; cette volonté divine a certainement beaucoup fait dans son esprit, mais elle ne l'a pas longtemps accaparé.

Le temps en effet va passer très vite : Henri Oberthür suit les cours d'élève aspirant du 12 avril au 28 août 1915 ; il est nommé aspirant le 1er septembre. Après une période au centre d'instruction des mitrailleurs de Vincennes du 3 au 21 septembre, il est dirigé le 3 octobre sur le 117° RI au Mans, pour être mis en route deux jours après, le 5 octobre, sur le 102° RI.

Mon père souhaitait et s'attendait à ce que le départ au front soit imminent, mais il n'en fut rien, il est affecté à un bataillon d'instruction en Champagne au sud d'Epernay. On peut comprendre sa déception, son impatience sinon son agacement et surtout son incompréhension de ne pas être au front où il serait plus utile et dont il en entend parler, non sans mauvaises nouvelles, car après l'été, période de combats encore acharnés en Argonne, succède à l'automne la bataille de Champagne, tout aussi décevante et meurtrière. L'offensive d'envergure lancée en septembre par le général Joffre pour percer les lignes allemandes avant l'hiver et qui devait soulager Verdun, est un

échec ; la ligne de front que l'ennemi avait pu organiser et fortifier au nord-est de Reims n'a pas été percée, ce fut une effroyable bataille qui s'est soldée par la reconquête française d'un modeste bout de terrain, a-t-on pu dire.

Robert Desaubliaux venait de quitter volontairement la cavalerie en juillet pour le 129° RI qu'il avait demandé, il témoigne : « le 24 septembre notre progression se heurte et se brise sur le fer infranchissable sous les tirs de réglage que les Boches savaient cibler exactement. La confusion est totale. L'attaque est reprise le 26 septembre, comme hier, sans préparation d'artillerie. Ce sera un massacre. L'attaque sera arrêtée[11] »

Dans une lettre qu'il adressera à sa mère en mai 1916, mon père fait allusion à cette offensive ; il pense en effet « qu'avec les Anglais et les Russes une offensive réussira peut-être » mais il n'y croit pas et ajoute « Ce sera encore comme l'an dernier en septembre à mon avis ». L'an dernier, en septembre, c'était en septembre 1915.

_____

[11] R. Desaubliaux, *La Ruée-Etapes d'un Combattant*, p.117-199.

Quoi qu'il en soit, ce dernier trimestre 1915 paraît insupportable à mon père, évidemment informé comme la plupart des autres aspirants et

sous-officiers de sa compagnie de ce qui se passait ailleurs sur d'autres fronts.

Il écrit ainsi à sa mère le 8 octobre :

« O, Rage, O Désespoir, nous ne sommes pas au front, mais dans un bataillon d'instruction à A au sud d'E, pays du Roederer, Mum etc...; c'est un petit village charmant, où on ne s'en fera pas du tout puisque nous sommes une douzaine d'aspirants par Cie. Ce sont des récupérés, des types non instruits, d'anciens cavaliers, d'ex-auxiliaires, des territoriaux et des R.A.T.que nous allons instruire. Dire qu'on est parti du Mans tout équipé pour la tranchée, avec vivres de réserve, cartes, cartouches et qu'on va faire maintenant métier d'un sergent territorial.

C'est à peine si on entend le canon et si on voit les lueurs de la bataille le soir.

J'espère qu'on ne va pas nous garder longtemps–nous sommes plus nombreux qu'il faut pour les cadres-et nous régiments ont besoin de chefs de section ; c'est idiot.

En attendant mieux on va essayer du mieux qu'on pourra. On n'a vraiment pas assez l'intérêt du front …Tu vas être enchantée de me savoir en lieu sûr, mais j'enrage.

Bons baisers. Henri »

Mon père devra attendre jusqu'au mois de décembre. Il part enfin le 9 décembre pour Commantre, toujours en Champagne rejoindre la 35° compagnie du 150° RI sa nouvelle affectation.

« Je vais te raconter notre voyage qui a été assez pittoresque », écrit-il à sa mère de Commantre le 10 décembre et il en poursuit ainsi la relation : « Nous sommes donc revenus mercredi matin au Mesnil à 7 h. ... Nous avons fait coltiner nos cantines par nos anciens poilus qui regrettaient notre départ ; mais nous n'étions pas fâchés de quitter ce patelin d'Oger...Sur la place du Mesnil nous avons retrouvé d'autres aspirants et 5 voitures bizarres dans lesquelles on nous a fait mettre nos bagages : nous étions 10 pour le 150, direction Commantre à 32 Km.

La bagnole était attelée de 2 mulets, affectés comme nous au 150. Nous avons donc pris notre chemin en amitié, par Vertus, Bergères, Morains, Fère en Champagne, 4 sur voiture, 6 à pinces à tour de rôle. Il pleuvait ou plutôt crachinait, et ça n'a pas arrêté. J'ai quitté Mesnil à regret ... Mais j'étais chef du beau détachement que nous formions et je n'ai pas eu le temps. A Vertus on s'est ravitaillé en boustifaille et à Morains, complètement démoli à la bataille de la Marne, nous nous sommes arrêtés pour faire souffler les mulets et becqueter dans un café, une bicoque reconstruite. Avant et surtout après Morains, on voit des quantités de tombes, faites et entretenues par les territoriaux, des boches et des françaises, les françaises en bois plus travaillé, fignolé, mais les boches bien soignées aussi. C'est désert toute cette Champagne pouilleuse, pas de fermes, des quantités de champs en jachères... ».

Le front est toujours loin : logé dans une ferme, ce n'est pas le bruit du canon que mon père entend, mais « le glouglou des dindons dans la cour et la danse des souris dans l'armoire de ma chambre », écrit-il encore à sa mère le 15 décembre, profitant de son service de jour, « service où l'on ne fait pas grand-chose, mais on est responsable de toutes sortes d'histoires ». Encore une longue, interminable attente avant le vrai départ pour le front, ce ne sera qu'en mars 1916.

19

AU FRONT EN CHAMPAGNE

« Ce coup-ci ça y est pour de bon. Je pars au 54 » mon père le sait enfin le 19 mars 1916 et l'annonce immédiatement à ses parents.

Parti le 22 mars en renfort du 54° RI avec un détachement de 120 poilus dont il a à s'occuper, mon père arrive le 23 mars à Suippes au Corps et est affecté à la 3ème Compagnie. Dès le lendemain, le 24 mars, il donne à ses parents des nouvelles du voyage et du cantonnement qu'il trouve à son arrivée : « Le voyage s'est bien passé, les poilus ont été sages, mais Suippes est triste, petite ville où il ne reste pas un carreau aux fenêtres et où deux maisons sur quatre sont démolies ».

Le 54 ° RI – Les hommes

Mon père est content du 54, un bon régiment, dit-il à ses parents, il est de Compiègne, fait partie de la 12ème division 6ème corps ; il sait qu'il y est pour longtemps car, explique-t-il à sa mère dans une lettre du 28 mars, « une fois au front on ne change plus, même pas de Compagnie »

Jusqu'au 21 juin, date de l'assaut ennemi sur Verdun si meurtrier pour sa section, mon père écrira presque chaque jour à ses parents, alors qu'avant ce n'était pas le cas, n'ayant pas grand-chose à leur dire sinon qu'il enrageait de ne pas combattre. Ses lettres désormais sont intéressantes car elles nous font connaître les hommes avec lesquels il vit le quotidien au front et nous renseignent, à côté de ce que nous apprennent le Journal de Marche et Opérations du Régiment, sur les combats en ce printemps 1916.

Ses rapports avec les autres officiers et sous-officiers de sa Compagnie sont fréquemment évoqués, non sans aménité pour certains mais avec beaucoup de chaleur pour d'autres.

Le lieutenant Potel, commandant de la Compagnie est pour mon père le type même de l'officier détestable : « un excité, un persécuté...il est toujours entre 2 quarts de rhum et a des crises pendant lesquelles il est coléreux et presque fou. Quand disparaîtra-t-il de la circulation ? » (Lettre de mon père du 26 mars) ... « se propose de faire baver les hommes et de rétablir la discipline et le service du temps de paix. C'est bien pire : il n'y a pas un seul commandant de compagnie d'active aussi bête » (lettre de mon père du 3 juin)

Potel n'aime pas la Compagnie qu'il commande : « cette troisième, touchours la même, elle ne fait chamais rien. Ah ! Non de non » rapporte mon père en se moquant quelque peu de son accent (lettre du 27 avril).

Mais Potel manque surtout de courage, ce qui n'est pas fait pour se faire aimer : « n'ose pas sortir son nez du parapet, même en réserve, alors que quelques poilus travaillent en plein jour sur la plaine, ordonne tout de même des patrouilles » (Lettre de mon père du 31 mars)

.« C'est le type qui n'ose pas sortir de son « cachibi » comme il dit et pour rien au monde ne regarderait par-dessus le parapet, le type qui disparaît quand il y a attaque. En avant les Gars, moi je me planque » (lettre de mon père du 10 avril).

Le 18 juin, depuis Belrupt mon père écrit à « son vieux papa », tout près du front devant Verdun où il va monter en ligne le lendemain : « A la Compagnie embêtements sur embêtements avec le Ct. Si j'en reviens et si je ne suis pas blessé, je demanderai à changer. La vie est impossible ». Mon père ne savait pas que c'était sa dernière lettre avant l'assaut ennemi, il n'aura pas à demander à changer.

Il n'en est pas de même heureusement quant à la grande camaraderie et l'amitié que mon père noue spontanément avec les autres officiers et sous-officiers, les sous-lieutenants Herbillon et Gagnon, les adjudants Giraud et Balech en particulier.

« Hier soir j'ai dîné avec Herbillon, Gagnon et Balech, tous les trois très chics » dit-il dans une lettre à sa mère le 28 mars.

Le sous-lieutenant Herbillon a d'emblée toute l'estime de mon père : « jeune de l'active ...le nouveau sous-lieutenant Herbillon est un type épatant, 23 ans, un type qui a de l'éducation, du savoir vivre, pas embêtant pour le service et aimé des hommes. Alors ça colle ! » C'est ainsi que mon père écrit à sa mère le 31 mars depuis la tranchée de défense de sa section à 400 m des lignes allemandes, avant de monter lui-même en 1ère ligne ; il tient à le dire aussi à son père dans une autre lettre qu'il lui adresse le même jour : « le slt. Herbillon qui commande la Cie est très chic, ex-logis du 46° d'artillerie, 23 ans, bon type avec les poilus ».

Du sous-lieutenant Gagnon, mon père dit « bon type aussi mais qui ne veut pas faire voir qu'il en a par-dessus la tête sans pour autant faiblir : » chic aussi … sergent, adjudant puis officier, a fait toute la campagne à la Cie ». Gagnon et Herbillon : « tous les deux culottés, aiment bien embêter le boche avec des grenades ou aller en patrouille », ce qui plaisait beaucoup à mon père.

L'adjudant Giraud aussi « très brave type », restera très proche de mon père depuis la Champagne jusqu'au 21 juin à Verdun, dernière étape, celle de la mort pour lui, ce pauvre Giraud », comme pour Herbillon.

Effroyable en effet de penser que Herbillon et Giraud mourront quasiment dans les bras de mon père le 21 juin, tous deux tués ce jour-là au plus fort de l'assaut ennemi, sous le feu continu des Boches qui progressaient sur le terrain sans désemparer.

Cette bonne et sincère camaraderie, mon père l'éprouve tout autant pour ses caporaux qu'il n'oublie pas, comme Averceng, « un gentil garçon avec qui je pars au 54 », comme le « petit Péchon », très attaché à mon père qu'il considère comme un enfant ; Péchon est de la section de mon père, ils seront ensemble à Verdun, tous les deux « miraculés » si l'on peut dire. Mon père pense aussi à Bastard, l'ordonnance d'Herbillon qu'il n'a pas voulu quitter lors de l'assaut, comme il a certainement le souvenir de bien d'autres dont il ne donne pas toujours les noms

Dans beaucoup de ses lettres, mon père laisse déborder aussi une attention chaleureuse pour ses poilus dont il sait et comprend le courage et l'énorme travail qu'ils font aux tranchées tout en combattant : faire et refaire les abris, refaire et poser les réseaux, régler les parapets, terrasser, creuser des boyaux, sans parler des corvées de

.

ravitaillement et de transport de matériel. En témoigne ce qu'il dit de ses chers poilus dans quelques-unes de ses lettres : « reviennent de 13 jours de tranchées qui furent durs ; ils ont posé un système de défense de fils de fer formidable » (lettre à son père du 24 mars).

« Nos pauvres poilus étaient fatigués. Ils travaillent jour et nuit et n'ont rien pour se les caler... le poilu est vraiment un bon type. Il pourrait en avoir marre davantage encore, évidemment ce n'est pas l'exécution immédiate dont parle le règlement, le travail se fait tout de même, lentement mais sûrement ... » (lettre à sa mère du 10 avril)

« Hier et avant-hier exercice ; les poilus qui ont 20 mois de front le font sans grand enthousiasme, il y a de quoi... ». (Lettre à son père du 20 avril)

« L'avant dernier jour, aux tranchées, nous avons eu un tué. Le lit. (Potel) a fait travailler de jour en pleine vue des Boches à 400 m d'eux. Une balle dans la tête, ça n'a pas manqué. Il était embêté, il voulait faire retomber la responsabilité sur un autre ; mais Balech ne s'est pas laissé faire et l'a proprement remis à sa place. Quel sale bonhomme... » (Lettre à sa mère du 16 mai). « C'est fou le travail que l'on fait ; les hommes sont crevés et jamais que des engueulades pour les encourager...cet après-midi ils (les Boches) nous ont arrosé avec des obus maous, c'est de la veine que pas un poilu de corvée n'ait pris un éclat... » (Lettre à sa mère du 25 mai)

« Du fait d'un boulot monstre, les poilus n'en peuvent plus... » (Lettre à sa mère du 26 mai).

Mon père les défend ses poilus, par solidarité, parce qu'il est avec eux au combat : « cette nuit j'ai fait une patrouille. Je suis resté une demi-heure dans les réseaux avec un poilu à ramper parmi les cadavres et les trous d'obus. Nous avons ramassé 2 fusils : et sommes rentrés ». (Lettre à sa mère du 10 avril).

Mon père comprend qu'il faudrait pour eux quelque réconfort, sachant tout le bien que leur apporte le vin, le pinard qui est le vrai nerf de la guerre : « aux tranchées un quart par jour c'est maigre, aussi faut-il s'arranger trouver des poilus débrouillards qui pour une, n'hésitent pas à faire 14 km pour rapporter quinzaine bidons, « non sans se faire estamper ajoute mon père car pour eux « les bobosses, les bonnes poires qui se font trouver la peau et qui veulent à tout prix boire un quart de pinard avant de monter, mais qui ne peuvent rouspéter parce qu'ils sont en fraude, c'est 23 sous alors que les embusqués du patelin l'achètent 18 sous » (lettre à sa mère du 10 avril) .

Suippes, premier secteur à défendre, pas vraiment calme.

Le secteur du front à tenir (secteur 33) dans un premier temps, jusqu'à la mi-avril, est situé au nord de Suippes ; le croquis de mon père, fait de sa tranchée, montre l'emplacement respectif des lignes françaises et Marie à Py le 1er avril à 13h « Le secteur est énorme pour ce que nous avons de monde, un front de 500 m pour la Cie où deux sections sont en première ligne, et quelle section ! La mienne compte 28 poilus mais 6 grenadiers et 1 cuistot ne sont pas là, ce qui fait 21 poilus pour prendre la garde et pour travailler. C'est maigre. Les Boches doivent être pareils pour se tenir si tranquilles ... Il serait impossible de faire la moindre offensive avec de tels effectifs. Toute la classe 16 et les récupérés y passeront pour combler les vides et que restera-il après ? ». Tel est le constat lucide de mon père : peu de monde à mettre en ligne s'il le fallait, et heureusement donc que l'ennemi se tient tranquille aussi. (Lettre à son père du 31 mars).

Comparé à ce que vient d'être le théâtre desterribles offensives allemandes des 21 février et 7 mars, Suippes est un secteur relativement calme.

L'Apocalypse, a-t-on dit de l'offensive de février sur la rive droite de la Meuse, avec le fort de Douaumont enlevé le 25 février, ce qui mettait l'ennemi à 5 km de Verdun et ouvrait la route sur Paris, tandis que s'y poursuivront les pires combats après le 10 mars (ouvrage de Froideterre, redoute de Thiaumont ...), comme sur la rive gauche de la Meuse à Cumières le 7 avril et après.

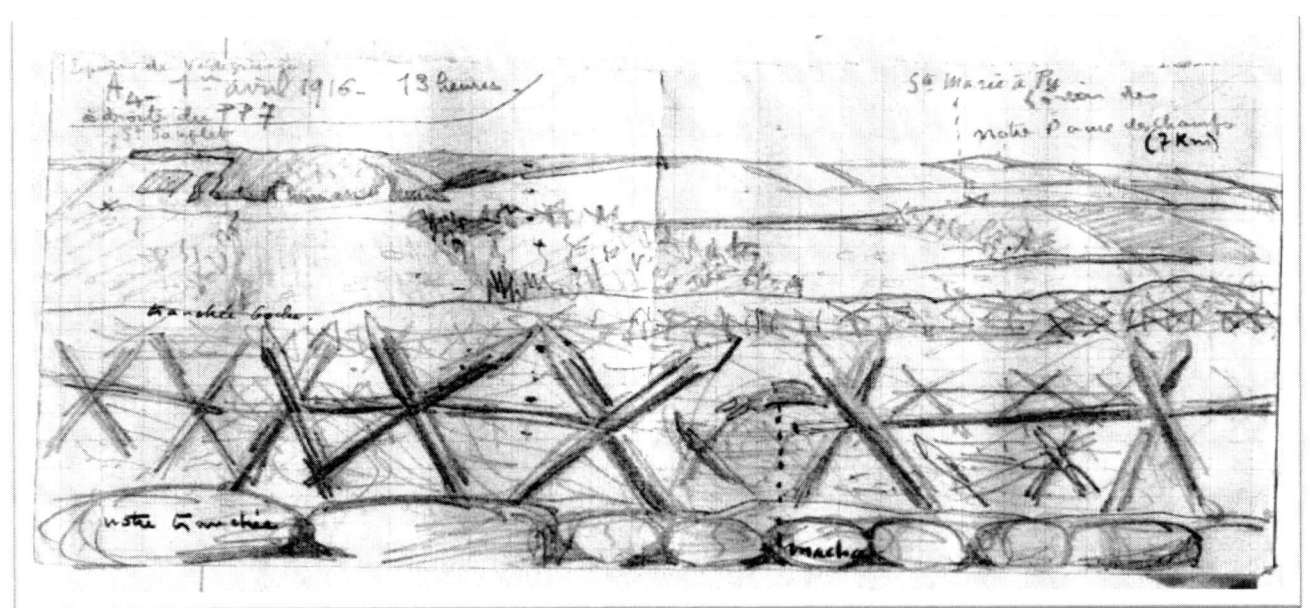

Pourtant dans les nouvelles qu'il donne à ses parents lorsqu'il arrive au Corps, la veille même du 29 mars, le jour où il prend les tranchées avec sa section, mon père n'évoque pas ces journées catastrophiques, ce qui est étonnant car il ne peut pas ne pas en avoir entendu parler.

Pour lui tout semble calme : « les Boches sont calmes en ce moment et il y a peu d'artillerie devant nous, à cause de Verdun je pense » peut-il dire à sa mère en ajoutant « j'espère tout de même qu'en juillet on sera fixé sur la fin de la guerre ».

C'est bien se méprendre sur le sort des armes.

Le calme est trompeur, surtout lorsqu'il fait beau : « il fait un temps superbe, frais parce qu'il est encore tôt ... et Fritz ne bouge pas ! ... nos tranchées sont à 60 mètres, 80 mètres des Boches par endroits, mais nous avons un réseau de fil de fer, de chevaux de frise imposant, eux aussi d'ailleurs. On les entend causer, tousser, marcher et on en voit marcher au diable dans la plaine, à la jumelle. En ce moment ils ne tirent pas et on sort la tête comme on veut...Nous avons une rude distance à garder, 500 mètre au moins. Comme on les entendait travailler un peu à avancer leur parallèle de départ, on leur a envoyé des rafales de 75. C'est ce qui

fait un raffut ! Tout vole en éclat ! Fritz n'a plus bougé et est rentré dans son trou ». (Lettre de mon père à sa mère du 31 mars).

« Toujours aussi beau temps » note mon père le 1er avril, « Allongé sur la banquette de la tranchée on dort merveilleusement au soleil...Hier j'ai pris le quart de 7 h à 10 h, c'est le quart le plus agréable à cause du sommeil. Les Boches travaillent toutes les nuits, je ne sais pas ce qu'ils bricolent, ils doivent faire des abris ou avancer des sapes. Nous leur avons tiré dessus, ils continuent le travail. Ils sont sûrement abrités. Il faut le 75 pour les déloger et encore ils se mettent à pelleter peu après la rafale. On observe comme on veut les lignes boches au-dessus du parapet. Fritz ne daigne pas tirer ! ».

Le travail aux tranchées serait-il source d'émulation ? On peut se le demander. Mon père dans une lettre du 4 avril rapporte en effet que « quand les Boches ont vu que nous nous mettions à travailler, les voilà tous qui sortent de leurs trous et qui se mettent à travailler, dix fois plus que nous, un vrai concert de pelles et de pioches. Tous debout, sans se tirer dessus, on se voyait parfaitement ... Les 2 lieutenants (Herbillon et Gagnon) étaient occupés à poser des

chevaux de frise et à renforcer un coin de réseau. Ils sont sortis jusqu'aux fils de fer boches et ont ramené 11 fusils ».

Mais côté allemand le travail n'empêche pas non plus d'observer ce que font ou préparent les Français. Dans l'une de leurs tranchées, en 1ère ligne, l'officier demande à Werner ce qu'il voit à la jumelle. « Entendez-vous quelque chose ? » - « Oui, mon capitaine. Un cliquetis de pioches et d'outils de terrassement devant nous, derrière les blockhaus des chevaux hennissants et de l'artillerie » - « Des choses se préparent... et s'il n'y a pas de renforts ?» Se demande l'officier.[12]

Il faut comprendre que, côté français, l'artillerie est positionnée derrière la ligne de tranchée où sont mon père et les hommes de sa section et tire au-dessus d'eux sur les lignes ennemies ; les départs des 75 « nous assourdissent les oreilles, tout vibre...les obus passent au ras du sol, il est interdit de monter sur les parapets » , mais ça assure à la tranchée de 1ère ligne une certaine protection et intimide les Boches qui sont en face ; « on entend passer les gros obus que nous leur envoyons,...mais les Boches sont sages comme tout, on les taquine et ils ne répondent

---

[12] Fritz von Unruh, *Verdun (Opfergang)* p.200

pas » , explique mon père à sa mère toujours dans cette même lettre du 31 mars. « Fritz est des plus sages... de temps en temps notre artillerie leur envoie des pruneaux, du 75 et des gros, ils ne répondent que par quelques balles », explique de même mon père le 31 mars à son père.

Mon père envie les artilleurs, les « artiflots » : « dans mon dos, à 15 pas sur le talus deux 75 tirent de temps en temps 5 à 6 coups et à vos postes ; les artiflots s'appliquent en tabliers, en pantoufles, le tir fini ils se remettent à fumer la pipe et à faire le lézard ou rentrent dormir. Quelle vie à côté de nous ! ».

Il les aime bien aussi les artiflots, ce sont de bons camarades, et lorsque après une journée de travail pénible et de fortes pluies, lui et ses hommes trouvent refuge chez eux, c'est le traditionnel pinard et le non moins traditionnel jus qui leur est offert : « c'est des poilus à cultiver, ces artilleurs, on a toujours quelque chose pour la gorge », reconnaît mon père dans une lettre du 10 avril à sa mère.

Mais le calme reste provisoire, et pendant toute cette période sur ce secteur de Champagne, pas un jour ne se ressemble ; on se canarde, les bombardements sont fréquents et très meurtriers pour les poilus qui sont repérés par les saucisses et doivent travailler sous les tirs ennemis : « avant-hier nous sommes repartis vers 5 h du matin au travail...nous avons travaillé cette fois en 1ère ligne, dans un sal coin, au saillant, les Boches sont de tous les côtés et ils nous envoient toutes sortes de pruneaux » .(lettre de mon père du 10 avril)

A s'en tenir au Journal de Marche du régiment, le 23 mars, jour de sa relève par le 67, les journées ont été calmes jusqu'aux tout premiers jours d'avril, et c'est en ce début du mois d'avril que les bombardements les plus violents ont eu lieu. Le Journal de Marche du régiment signale effectivement de violents bombardements le 4 avril notamment sur le saillant est, sans donner plus de détails, mais pas de pertes. Mon père est plus disert : « les Boches nous ont envoyé une quarantaine de 150 hier soir, les abris étaient ébranlés, la terre sautait dans la tranchée. Ils tiraient de loin et on entend parfaitement le sifflement de l'obus qui arrive 4 ou 5 secondes avant l'éclatement. Ils nous ont coupé notre réseau à 2 mètres à droite de mon abri... » (Lettre du 4 avril).

Le secteur voisin, « sale coin »

Dimanche des Rameaux 16 avril c'est le départ dans la nuit pour un autre secteur, voisin du premier, très marmité et peu organisé ; « il y en tombe pas mal et à côté de l'ancien secteur, c'est un sale coin... mais on ne craint pas d'attaques, du moins je le crois, parce qu'on nous donne un front très vaste et que nous serons un simple rideau de troupes, comme les Boches » ainsi que l'explique mon père à ses parents, sans pouvoir leur dire s'il doit monter en ligne dans 4, 6 ou 8 jours, bien que désormais il sait que la relève se fait par bataillon, soit un en ligne, un en réserve et un au repos et qu'il prend 10 jours en 1ère ligne, 10 en réserve et 10 au repos. Les choses sont claires.

Certaines journées sont encore calmes, ainsi lorsqu'un jour, début mai, mon père part faire une reconnaissance de son secteur de 1ère ligne, c'est même à 15 mètres des petits postes boches qu'il aperçoit « l'ami Fritz » qui se montre à chaque instant ; un sifflement, il sort sa tête et vous dit bonjour de sa main ... on ne s'était pas canardé ces derniers jours » (lettre du 2 mai).

Mais pourtant...du 15 avril au 1er mai les journées sont marquées dans l'ensemble par une forte activité de l'artillerie, et malgré tout les braves poilus travaillent admirablement, souvent sous les tirs ennemis ; quel travail comme l'explique mon père à ses parents : faire et refaire des abris, des réseaux, des lignes de défense, en fait réorganiser le système de défense, refaire les tranchées détruites ou les combler, en construire de nouvelles, creuser les boyaux lorsqu'ils sont bouchés, boucher les trous d'obus . « Je suis sur le parapet et les poilus rectifient et refont la tranchée de tir à côté de moi. La dernière nuit nous avons encore travaillé jusqu'à 2 heures du matin, ce soir idem je pense » (lettre du 28 avril)

« Hier après-midi nous avons travaillé à creuser un boyau bouché sur 15 m par deux 210. Un autre à côté n'a pas éclaté, c'est un 210 allongé de 1 m 05 de hauteur, un beau morceau ... cette nuit j'ai emmené ma section boucher des trous d'obus pour dégager le champ de tir des mitrailleurs. Il y a de ces trous où on logerait une vingtaine de poilus bien à l'abri... » (Lettre du 30 avril).

La lecture du Journal de Marche du régiment est étonnante pour ce mois d'avril ; 22 : journée calme, mais assez grande activité d'artillerie ; 23 : journée calme, mais des blessés par tirs de balles et d'obus ; 24 : journée calme, mais grande activité des artilleurs sur les arrières ; 25

: journée calme ; 26 : journée calme, mais assez grande activité d'aviation, à 11 h 50 passage d'une escadrille de 20 avions ennemis se dirigeant vers le sud, ce que confirme mon père dans sa lettre du 27 : « une escadrille d'avions boches, 19 en tout, a traversé les lignes vers 11 heures, pas un des nôtres sorti. Nous ne leur avons guère tiré dessus. Je ne sais pas ce qu'ils ont été bombarder, ils sont repassés 1/2 heure après ». Mais le Journal de Marche ne dit rien du violent bombardement qui a eu lieu ce jour-là : « Hier après-midi (le 26 donc) une saucisse boche s'est élevée et des gros noirs sont tombés un peu partout, sur des groupes de travailleurs, sur les batteries, les cuisines, le poste du colonel. Tout vole en l'air : les fils de fer, les piquets, les branches des malheureux sapins restants... ».

Du 27 au 30 journées calmes selon le Journal de Marche du régiment.

La période suivante offrirait la même configuration mais avec répétition de violents bombardements couplés avec des attaques aux gaz non moins sérieuses sur les dix derniers jours de mai.

Les travaux vont toujours bon train, les hommes de la section étant désormais épaulés par des monteurs du 9ème Génie. Grâce à leurs saucisses, les Boches arrosent dès qu'ils voient des travailleurs ou des corvées « les saucisses empêchent même souvent de travailler. Le jour on est vite repéré et les marmites rappliquent » (lettre du 12 mai).

La nuit n'apporte pas non plus une garantie de calme absolu car les fusées éclairantes que les Boches envoient tout le temps leur permettent de voir nos poilus au travail comme à la relève.

Le 19 mai est un jour fatidique : le Journal de Marche fait état d'une forte émission de gaz le soir à 21 h sur tout le front, suivie d'une nouvelle émission à 22-23 h, accompagnée d'un violent bombardement ; notre artillerie exécute instantanément un très violent tir de barrage qui empêche l'ennemi de sortir de ses tranchées.

Mon père note de son côté : « Hier au soir nous avons eu une alerte aux gaz sérieuse ; nous avons été obligés de garder le masque pendant 2 heures, quelques poilus qui avaient oublié leur engin sont tombés. Les chevaux étaient fous, ils renâclaient. On les a emmenés sur une hauteur. C'est dans le secteur du 54 où sont les 2ème et 3ème bataillons que l'attaque s'est déclenchée. Il paraît que les pertes sont grandes ...

Le bombardement a duré longtemps et a été très violent... Les Boches ont essayé de déboucher mais ont été repoussés à 3 reprises. Le 2ème bataillon qui était en ligne a beaucoup souffert ... » (lettres des 20 et 22 mai).

Les pertes effectivement furent sévères : 42 morts, 16 blessés, 184 intoxiqués selon le Journal de Marche. Au lieu de revenir à Suippes, mon père rejoint en ligne le 2ème bataillon et remonte 4 jours avant la relève à cause de ses pertes.

Les 21 et 23 mai : nouvelles alertes aux gaz associées à des bombardements et tirs de barrage.

Le Journal de Marche indique pour la journée du 21 : alerte aux gaz donnée pour 21 h 30 à la suite du lancement d'une fusée verte-2 vagues de gaz passant sur le Bonnet d'Evêque sont entraînées entre les lignes 1 bis et 2, une partie se rabattant sur les Boches.

Mon père note quant à lui : « Hier soir vers 10 h les fusées vertes et aussitôt ping-pong ! [Sic] alerte aux gaz. Nous avons conservé les masques pendant 2 heures. La vague de gaz n'a pas passé sur nous mais un peu à gauche, le vent étant nord-est. En revanche ces cochons de Boches nous ont foutu un de ces bombarde-

ments ... On est assourdi par les départs, les arrivées, les éclats, la terre volant de tous côtés. On est gêné par le masque pour y voir. La tranchée a été bouchée en plusieurs endroits. J'ai fait rentrer dans les abris et fermer les ouvertures aussi hermétiquement que possible. Si on avait occupé les emplacements de combat on aurait eu des accidents » (lettre du 22 mai).

Toujours à propos de cette alerte et reprenant sa précédente lettre, mon père poursuit ainsi : « Avant-hier soir là où la pente était du côté boche les gaz leur sont retombés sur le nez ...les Boches viennent de remettre ça avec leurs gaz, tir de barrage et bombardement. C'était un peu plus à droite et ça a duré 3/4 d'heure seulement. Quelques obus lacrymogènes. Mais les gaz n'ont pas dû passer sur nous » (lettre du 23 mai).

Le Journal de Marche parle de fausse alerte pour la journée du 23. De son côté mon père note que « l'attaque aux gaz d'hier était sur Navarin, mais de proche en proche on a lancé des fusées et de cette façon toute l'artillerie du corps d'armée a donné ; dépense assez inutile » (lettre du 24 mai).

Journée calme le 24, mais sans lendemain car dès le 25-26 le Journal de Marche indique bien que l'artillerie ennemie s'accroît, la journée du 27 en étant le point culminant : toute la nuit l'artillerie ennemie bombarde nos lignes, à l'aurore le tir redouble d'intensité pour atteindre son maximum vers 9 h. Notre artillerie répond violemment. Jusqu'à 10 h obus de tous calibres et torpilles sur le Bonnet d'Evêque. Pas d'attaque d'infanterie… De 13h 30 à 16h action de l'artillerie française. De 16h 20 à 17h 15 nouveau bombardement du Bonnet. Aucune action d'infanterie. A 19h 30 alerte aux gaz venue de la droite. Rien sur le secteur.

Mon père confirme : « L'avant dernière nuit (26 au 27) et toute la journée d'hier bombardement, et ce n'était pas que des petits qui tombaient. On s'attendait à une attaque, on était prêt à sortir les flingues dans les mains pour aller contre attaquer sur le Bonnet. Il n'y a rien eu. Une attaque aux gaz sur le régiment de droite seulement. Mais la 1ère ligne a été terriblement remuée par les torpilles et les gros obus… Cette nuit le bombardement a cessé » (lettre du 28 mai).

Le calme, bien relatif, revient, hormis certaines journées lors desquelles notre infanterie en 1ère ligne se montre « nerveuse, active et vigilante » (aux termes du Journal de Marche) face à des Boches soudainement devenus plus agressifs : « les Boches arrosent l'endroit qui ne vaut rien du tout ; ils ont raison, tout le monde étant sur les parapets. C'est en contre pente mais ils voient bien, soit des côtés, soit par un avion ou une saucisse. On se canarde et il ne fait pas gras de lever le nez au-dessus des sacs à terre. Fritz est mauvais cette fois, nous idem… » (Lettre du 31 mai).

Cette période en Champagne aura montré, ainsi que l'explique mon père dans une lettre à sa mère du 3 mai, à quel point les bombardements sont redoutés tant leur impact est effroyablement destructeur : « il suffit-lui dit-il-de voir une tranchée de 1ère ligne et un bombardement pour se rendre compte de la chose : les défenses accessoires n'existent plus, les poilus sont abrutis dans les gourbis, la tranchée est démolie, il y a des blessés qui encombrent et il y a si peu de monde à tirer que les Boches arrivent sur vous. On n'a pas le temps de dire ouf. La défense s'organise sur la ligne 1 bis, mais ceux de la 1ère ligne ne peuvent pas tous se tirer des pattes… ».

Le front se transporte à Verdun, nouveau destin pour le 54 ° RI

Les tirs continueront sur Suippes, moins violents, moins nombreux, une vingtaine d'obus le 2 juin, mais aucune perte ; le secteur semble bien destiné à se transporter ailleurs, là où il faut tenir plus encore, là où les Allemands, sur les deux rives de la Meuse, ont décidé d'attaquer , autour du Mort-Homme, « L'Enfer Absolu » , du côté de la rive gauche, puis sur la rive droite, autour du fort de Vaux qui sera perdu le 7 juin, et alors que le nouvel assaut français du 15 au 19 mai pour reprendre le fort de Douaumont a échoué.

Là où il faut tenir, c'est Verdun, « brasier géant où le régiment va être jeté après tant d'autres pour y flamber comme une brassée de bois sec », et tenir exclut toute réflexion, toute condition ; les hommes du 54 vont devoir l'accepter, mais pour le moment ils ne s'imaginent pas vraiment l'enfer qui les attend.

Les éléments du 54 °RI restant en ligne sont relevés dans la nuit du 1er au 2 juin par le 114 ° RI et cantonnent à Suippes, dans la même nuit le 3ème bataillon va cantonner à St. Hilaire au Temple, le 1er bataillon à Bouy, le 2ème à St. Hilaire avec l'État-major du Régiment, les 3 CM (mitrailleurs) à Dampierre au Temple.

« Je m'en vais avec ma section...On est à peu près sûr maintenant que c'est pour Verdun qu'on nous destine » dit bien mon père à ses parents le 2 juin.

C'est le départ le 9 et embarquement le 10 au soir à Capel « dans des wagons à bestiaux, serrés comme des harengs, sans paille » (lettre du 12 juin). Arrivée le 11 à Charmont déjà dans la Meuse, puis marche de 25 km pour atteindre le 14 Loupigny-le-Château, « un malheureux patelin » ; le 15 passage à Condé, autre village « pittoresque, une église curieuse et un cimetière épatant, fleuri, avec des grands arbres » , enfin le régiment traverse la Meuse le 17 pour cantonner le 18 à Belrupt tout à côté de Verdun.

Côté allemand d'ailleurs les mouvements et transports de troupes se passent aussi dans les mêmes conditions : « embarquement de nuit, avec au sein d'un petit groupe un adjudant pensif, lâchant de temps à autre quelques mots « ça va sur Verdun » pour réconforter les hommes qui n'en croient rien. Leurs tempes et le train à la fois les lançaient vers l'inconnu[13] ».

Mon père n'est pas mécontent de quitter la Champagne qu'il trouve laide et lugubre : « c'est désert toute cette champagne pouilleuse, pas de fermes, des quantités de champs en jachères » disait-il déjà à sa mère dans sa lettre du 10 décembre 1915 lorsqu'il part pour Commantre rejoindre une première affectation avant d'arriver au front au 54° RI , et lorsqu'il quitte le premier front de Suippes, il compare la Champagne avec l'Oise où l'autre sous-lieutenant de la compagnie, Gagnon, est alors en permission : « c'est d'un calme extraordinaire, les paysans sont dans les champs, tranquilles comme tout, à 150 m des Boches. Tout est vert, et les cerises sont mûres. Pas de coup de canon depuis 3 mois » (lettre à sa mère du 31 mai)

Mais il reconnaît toutefois qu'il est étonné d'entendre autant d'oiseaux : « ici il y a quantité de courlis, ça piaille tout le temps. C'est curieux aux tranchées, la nuit, on entend des cris d'oiseaux de mer, des courlis, je crois, à chaque instant. Qu'est-ce que ça peut être ? Il est vrai que la rivière n'est pas loin et que toutes ces tranchées

blanches et les terres ravagées par les trous d'obus ont l'aspect de la mer » (lettre à son père du 16 avril).

Mon père regrette surtout qu'il n'y ait pas eu d'offensive pour en découdre avec l'ennemi, signe d'impatience et d'enthousiasme, propre de la jeunesse : « Vite un coup de chien, une offensive, qu'on fiche la pile à Fritz et qu'on soit tranquille après... » (Lettre à sa mère du 2 juin).

« Vite qu'on aille fourrer une frottée aux Boches et qu'on soit tranquille après... » (Lettre à sa mère du 3 juin).

Il est clair qu'il ne sait pas vraiment ce qui l'attend à Verdun, sinon on ne comprendrait pas cette ardeur au combat que la réalité du front n'a pas encore tempérée. Il sait que le secteur de Verdun n'est pas calme -doux euphémisme-, n'est pas le même que celui qu'il quitte, mais il pense qu'il peut se calmer grâce à l'offensive des Russes et celle des Anglais ; « je ne suis pas fâché d'y aller, c'est à la mode parait-il, drôle de mode » (lettre du 12 juin).

Cette « si formidable » offensive n'est d'ailleurs pas encore déclenchée, ce qui n'est pas fait pour

---

[13] Fritz von Unruh, *Verdun (Opfergang)* p. 11

enlever à l'ennemi l'espoir d'un succès à Verdun ; mon père en est conscient.

Est-ce simple boutade de sa part, on peut le penser, car la lettre qu'il envoie à son père deux jours après, le 14 juin, laisse transparaître une certaine anxiété à l'approche de l'enfer : « aller tenir le fameux secteur où tout le monde y passe, non sans avoir l'espoir de tout de même revenir ; blessé ou indemne. Enfin on verra bien ».

Et le 18 juin, date de sa dernière lettre à son père, avant de monter au front le lendemain soir, le moral n'est plus le même, c'est le cafard et vraiment l'inquiétude : « je pense à Tours (où son père dirige le centre neurologique de la IX région), aux bords de la Loire, aux poissons du Cher et au vin de Vouvray... Au revoir, j'espère bien, mon vieux Papa... »

Cette dernière lettre n'est pas sans émouvoir, ce sera la seule que sa mère et son père recevront de lui avant l'attaque du 21 juin ; ils n'auront de nouvelles de lui et ne sauront que leur fils est heureusement vivant que le 10 juillet, lorsque leur parviendra la première lettre que mon père leur aura envoyée d'Allemagne le 26 juin, les rassurant sur son sort et mettant fin à leur angoisse si compréhensible.

Cimetière de Suippes, tombes de soldats français, agence Rol, Bibliothèque nationale de France

AU FRONT : BOIS DE VAUX CHAPITRE DE-VANT VERDUN - 21 JUIN 1916

AU CŒUR DE L'OFFENSIVE ALLEMANDE DES 20 - 23 JUIN 1916

C'est à Belrupt en Verdunois, petit village tout près du front, situé dans un ravin, que le 54 ° RI arrive donc le 17 juin et y cantonne.

C'est à Belrupt que se fait la répartition des secteurs de brigade pour lesquels le régiment doit fournir 2 bataillons. Chaque bataillon doit être accompagné d'une CM (mitrailleurs) ; la relève est organisée de façon que chaque bataillon passe 4 jours en ligne, 2 ou 3 jours au travail et 2 à 3 jours à Belrupt en réserve de la division

Le secteur de Vaux - contexte militaire

C'est là, sur un front de 6 à 7 km, à 3 km au sud-est de Douaumont, que le haut commandement allemand décide de reprendre l'offensive ; les forts de Douaumont et de Vaux, évacués et perdus respectivement les 25 février et 6-7 juin, ne sont plus désormais d'obstacles à la progression de l'ennemi. Vaux, situé au pied des champs de bataille, précisément du fort de Vaux, est donc avec Fleury-devant-Douaumont, le secteur clé que les troupes françaises doivent absolument tenir dans cette guerre devenue guerre de posi-

tion et d'usure pour stopper toute avance ennemie sur Verdun. Fleury-devant-Douaumont et
Vaux sont en effet les points d'extrême avancée
de l'armée allemande devant Verdun qui n'est
plus qu'à 5 km.

Sur ce front le secteur des combats auxquels le
54 prend part, assurant la relève du 132, se situe
au nord de Verdun, rive droite de la Meuse, entre
le fort de Vaux et le tunnel de Tavannes (voie
ferrée de Verdun à Etain).

La section du régiment doit se porter en 1ère
ligne face à la ligne boche derrière laquelle est
situé le Ravin des Abris. L'artillerie ennemie tirait donc d'en face de Vaux-Damloup et de
Douaumont

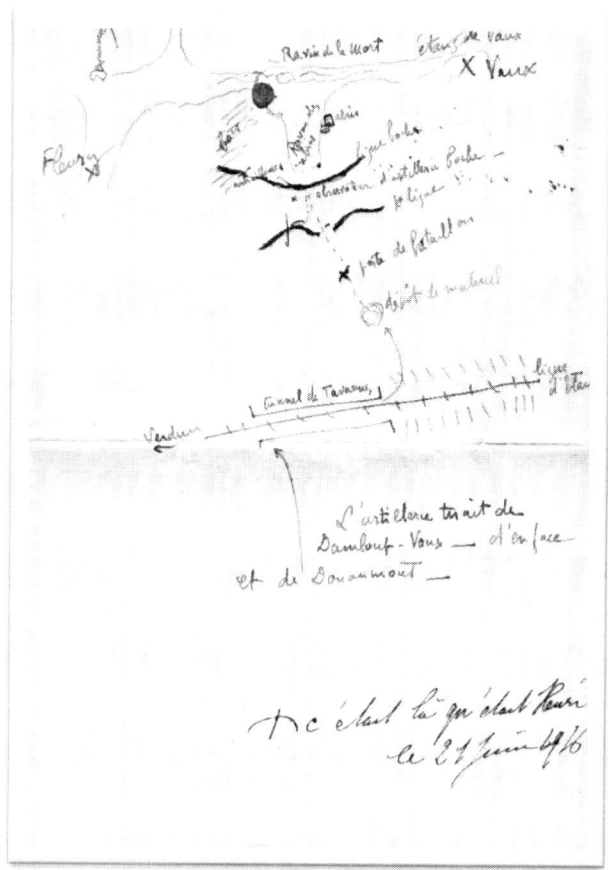

Verdun est un double symbole

Pour les Français symbole de la résistance aux
assauts ennemis et de l'occupation du terrain,
coûte que coûte, pour les Allemands symbole de
l'offensive qui doit ouvrir la route sur Paris, quel
qu'en soit le sacrifice. En témoigne l'acharne

ment dont font montre les Allemands pour enlever tous les forts autour de Verdun et les Français pour les tenir. Ces forts, les Allemands les
craignent car Pétain les a réarmés après qu'ils
aient été dépouillés de leurs canons par Joffre
pour les besoins de son offensive sur la Somm

Les Allemands en parlent entre eux aux tranchées, forts des avantages sur lesquels ils peuvent désormais compter pour appuyer leurs attaques puisqu'ils ont repris Douaumont et Vaux.

Mais d'autres forts tiennent bon pour freiner l'ennemi dans sa progression.

Il y a chez les Allemands à la fois inquiétude et fanfaronnade : « il y a moins de perles, autour d'un cou de femme que de forts autour de Verdun, et chacun de ces forts vaut l'Ordre Pour le Mérite s'il est enlevé ; alors dans les tranchées avant l'attaque on joue les autres forts qu'il indique tour à tour : Souville, Vacherauville, Marre, Bourrus, Belle Epine ... » (Fritz von Unruh, *Verdun (Opfergang)*, p. 87).

C'est dans ce contexte qu'il convient de situer l'attaque ennemie du 21 juin à hauteur de Vaux Chapitre et qui sera poursuivie jusqu'au 23 au prix de très lourdes pertes, ce que confirme le Journal de Marche : du 20 au 25 juin le régiment prend part aux combats livrés au nord de Verdun rive droite entre le fort de Vaux et le tunnel de Tavannes. Les bataillons engagés successivement sur des points différents du secteur ont à supporter les gros efforts des Allemands. Le 25 juin au matin le régiment est revenu à Belrupt. Il a subi de très fortes pertes et est réduit à environ 1500 hommes Chacune de ces deux attaques aura été sinon repoussée, du moins stoppée, et lorsque les Allemands reprendront l'assaut le 11 juillet, ils seront arrêtés au fort de Souville à 3 km de Verdun et auront perdu l'initiatiive

C'est ainsi que sera évitée la percée de notre ligne de défense allant du fort St. Michel au fort de Souville, car sinon Verdun aurait été indéfendable, située au centre d'une cuvette dont les bords auraient été tenus par l'ennemi.

Pétain le redoutait et avait demandé des renforts, d'urgence dès le 23 juin au soir.

Mais revenons à l'attaque du 21 juin

Le 18 juin à Belrupt où le régiment est arrivé la veille, l'ambiance est garantie : " la fête va commencer, cela pète déjà ...quelques obus tombent assez près...cela crache dur, la nuit surtout...". (Dernière lettre de mon père, juste avant qu'il monte en ligne)

La montée en 1ère ligne est prévue pour le surlendemain avec 4 jours de vivres de réserve, tout ravitaillement étant impossible.

Mon père, si sensible à la nature, n'a pas même le temps de prêter oreille aux chants des oiseaux qui pourtant se font entendre aux pires endroits et aux pires moments.

Un ami de la famille, Roger Reboussin, qui sera l'un des grands artistes animaliers de l'après-guerre, est lui aussi à Fleury-devant-Douaumont, tout près du secteur de mon père et au même moment ; voici le témoignage pour le moins étonnant qu'il donne le 9 juin de la présence des oiseaux sur le front : « Lorsqu'on arrive de nuit dans les bois au nord de Verdun où, depuis des semaines et des semaines, l'obscurité est sillonnée par les lueurs des deux artilleries qui font rage, où le ciel est soudainement éclairé par la montée et l'épanouissement des fusées polychromes apparaissant en maints endroits, lorsqu'on a pris la notion que pas une seconde de l'heure la canonnade ne cesse et que le 75, avec particulièrement de fréquence, répond par des feux de batteries et des barrages aux efforts des gros calibres allemands dont les marmites viennent s'écraser au passage des relèves, avec un fracas et un broiement d'arbres foudroyés, rejaillissant vers le firmament enténébré avec des cris aigus et des lamentations étranges, alors que d'autres vagues de fer viennent rapidement les couvrir de nouvelles rumeurs, on est surpris, dès les premiers moments

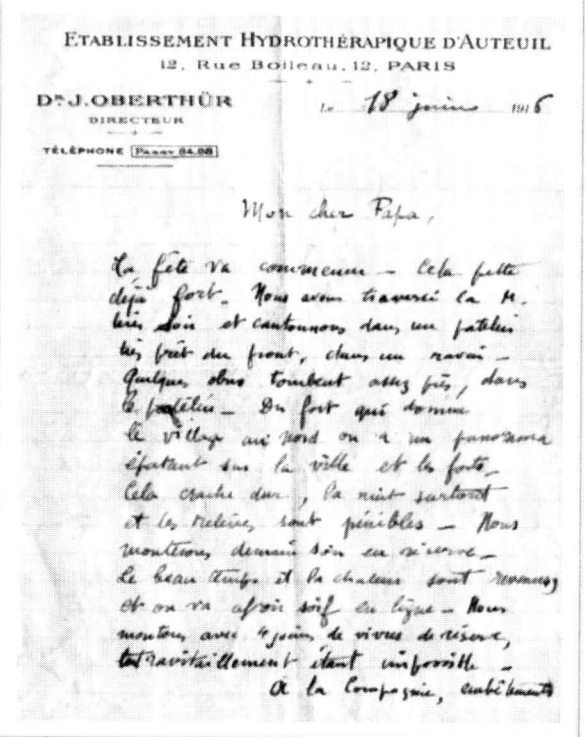

de l'aube d'entendre dans ces bois eux-mêmes s'éveiller les chants des oiseaux comme aux jours meilleurs de la paix. C'est ainsi qu'au milieu du bruit indiscontinu, j'ai pu noter le chant du Bruant jaune, la mélodie de la Fauvette à tête noire et de la Fauvette des jardins, la ritournelle de la Babillarde et de la Grisette, le trille du Pinson, j'ai pu assister à l'envolée harmonieuse du Pipit des arbres et des Alouettes des champs, aux longues compositions de la Grive musicienne et du Merle noir. Dans un bois saccagé, un Rossignol même chantait sans aucune altération dans ses modes. Le Troglodyte, le Rouge-gorge étaient imperturbables. Au-dessus de ces positions, j'ai vu passer la Corneille noire en très petit nombre, la Buse vulgaire, le Coucou. Dans le village en ruines de Fleury-devant-Douaumont, bouleversé par les

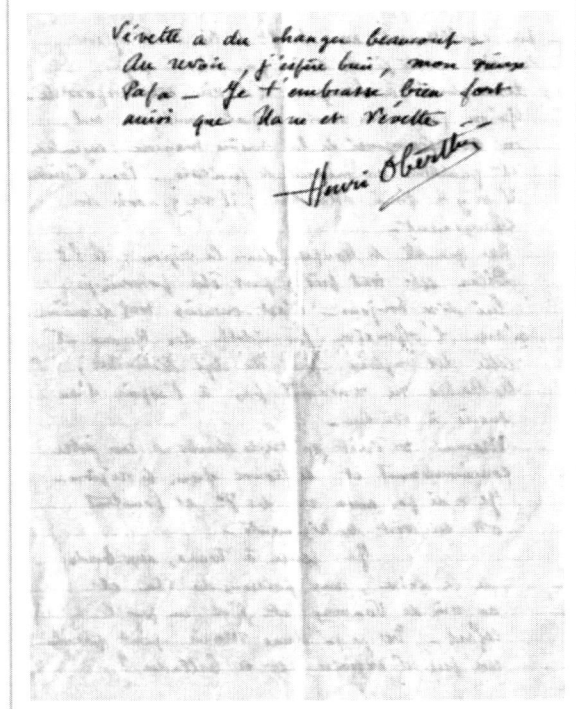

Boches et retentissant constamment du claquement violent de nos pièces, il y a plusieurs couples d'Hirondelles qui, au moment où nous nous préparions à l'attaque, se perchaient près de nos têtes sur des lierres pendants aux murs écroulés. Des Moineaux domestiques piaillaient dans les cours, des Bergeronnette grises, près d'un ruisselet où des saules et des osiers se penchaient au bord des trous d'obus, se baignaient avec grâce. Mais, chose plus extraordinaire, à mesure qu'on avance dans la zone plus violemment battue par le feu, où tout est bouleversé par les 380 et les 420 et par toutes les autres pièces de moindre calibre en même temps, je reconnais vers la redoute de l'ouvrage de Thiaumont un couple de Pies-grièches écorcheurs vivant là sur de petits buissons d'épine noire. Ces oiseaux y perchent … »

Le 20 juin c'est donc le départ pour la relève du 132 ° ; mon père sait qu'elle sera dure, mais il ne peut savoir ce que l'assaut ennemi, le lendemain, allait lui réserver, à lui et à sa section.

C'est de différentes sources que l'on peut comprendre après coup comment les choses se sont déroulées.

Le 4 juillet le caporal Péchon de la section de mon père donne les premières nouvelles : blessé à la tête pendant l'assaut, le petit Péchon, comme on l'appelait, s'était sauvé comme il avait pu, et c'est à Paris, à l'hôpital Chaptal où il était soigné, que ma grand-mère, ayant appris que des hommes du 54 venaient d'être évacués, est allée le voir et apprend par lui qu'il se trouvait avec mon père et le lieutenant Herbillon au moment où ce dernier est tué d'une balle et que mon père, lui n'avait rien.

Péchon se rappelle avoir vu le commandant de la compagnie Potel et l'adjudant Balech emmenés prisonniers, après Péchon ne sait plus, c'était dans l'après-midi, seuls restaient mon père, Péchon à qui mon père donna l'ordre de se sauver, et à quelques mètres de là Bastard, l'ordonnance du lieutenant Herbillon, que mon père engagea à en faire autant, mais qui refusa absolument de quitter son chef.

Ce 4 juillet, mes grands-parents sont toujours dans l'incertitude, ils ne savent toujours pas si leur fils a été tué, blessé ou fait prisonnier. Le régiment à qui ils s'adressent pour avoir des nouvelles répond n'avoir reçu aucun renseignement : « disparu depuis le 21.juin sans qu'on sache ce qu'il soit advenu, il est présumé prisonnier « c'est à eux que le Lt-colonel Wary du 54 demande les 5 et 9 juillet des nouvelles au cas où leur fils en aurait données !

Le 10 juillet les nouvelles tant attendues parviennent enfin : dans une lettre qu'il leur a envoyée le 26 juin, mon père écrit à ses parents depuis l'hôpital de réserve de l'école de guerre de Munich où il est soigné et leur apprend qu'il a été blessé lors de l'attaque du 21 juin au mollet d'abord d'un éclat d'obus, puis à l'épaule d'une balle, mais qu'il est au moins vivant et qu'ils peuvent donc être rassurés.

Mon père ne donne guère de précisions sur l'attaque : « le lieutenant Herbillon et ce pauvre Giraud ont été tués à côté de moi », se borne-t-il à confirmer.

Fort de Tavannes à l'ouest, l'entrée du tunnel de la voie ferrée
Photo du Cl sous-lieutenant Monod.Coll.BDIC .

Mon père donne encore quelques précisions dans une autre lettre à sa mère, un mois plus tard, le 26 juillet :

« J'ai été heureux d'apprendre que Péchon était en vie où est-il soigné ? Et comment a-t-il pu s'en tirer ? Il avait un doigt emporté, il me semble.

Papa me demande des nouvelles de l'ordonnance d'Herbillon, Bastard qui avec Lhuiller étaient restés indemnes au moment de l'attaque ; Bastard était à ma gauche à une dizaine de pas. Je ne sais pas ce qu'il est devenu. Herbillon et Giraud étaient étendus à côté de moi, morts, et le sergent Joron blessé ».

Le récit de l'attaque ennemie, mon père a pu le faire quelque temps après, lorsqu'il était prisonnier, et a reconstitué ainsi cette effroyable journée du 21 juin.

Le 20 juin, dans la nuit, je pars pour la relève et parvenir aux emplacements

« Le 20 juin le 54 (un bataillon) était dans le tunnel de Tavannes. On y reste 24 heures dans une atmosphère irrespirable de puanteur et de saleté. On ne peut rien manger tellement c'est sale. Dès qu'il fait nuit les commandants de compagnie et le commandant Wary sont montés pour aller reconnaître les emplacements de leurs unités. Le feu de barrage était toujours plus fort au moment habituel des relèves, ils ne sont pas revenus et ont laissé le bataillon sans ordre ni commandement. Un sous-lieutenant a pris le commandement pour monter. Il a été demander des renseignements au général de brigade de la sortie du tunnel et on est parti. On pensait trouver des guides à 300 m de là, dans une grande excavation où il y avait un dépôt de matériel. Là personne et déjà des blessés, pour y arriver on marche sur les cadavres, c'est le ravin du tunnel d'Etain. On a attendu encore une demi-heure. Il y avait 2 sections, la 1ère et la 2ème. Enfin on a 2 guides du 132, de la section qu'on relevait. De là on grimpe pendant un moment et on redescend sur la 1ère ligne. Pas de feu de barrage à ce moment, des gros noirs qui tombaient. Là on est en vue des Boches et à chaque fusée il fallait se coucher, s'aplatir.

Comme on avait distribué 3 minutes avant le départ de Belrupt des bidons de 2 litres tout neufs et bien brillants, sans couvre-bidons, on avait taché de les envelopper dans le tunnel de Tavannes dans des bouts de toile de tente, mais pendant le trajet en se couchant à chaque instant les bouts de toile étaient partis et on avait du mal à dissimuler les bidons. On est passé au poste de bataillon et on continuait à descendre sur la 1 ère ligne. Quelques gros obus, un homme blessé à la tête s'est mis à geindre très fort, on l'a laissé. Tout d'un coup le guide se planque par terre, une fusée. Le guide dit : je me suis trompé, je ne sais plus où je suis. Une fusée boche partant à 12 mètres, quelques pas de plus nous étions dans les lignes boches. Demi-tour, un homme a disparu et a sans doute été fait prisonnier. Enfin on a trouvé l'emplacement, tout à fait en pointe, en face le Ravin des Abris - un petit élément de tranchée, trop petit pour la section de 40 - on relevait une section de 25.

Il a fallu faire un petit bout de tranchée un peu à droite pour 2 escouades, on a agrandi un peu les trous d'obus. A ce moment ça ne tombait guère, on était à 150 m 200 m de la ligne boche. Il était minuit. La nuit était très courte, on n'a pas eu le temps de faire grand-chose comme tranchée, il fallait rester couché. On installe des guetteurs. Au petit jour une patrouille boche est venue à 20 mètres. On entend tout-d'un coup « Vorwärts « (en avant), on saute sur les fusils, on a envoyé une dégelée de grenades, un Boche est resté sur le terrain, les deux autres ont filé. Une grenade est tombée juste devant moi, j'ai eu le temps de me baisser, tous les éclats sont passés un peu au-dessus de ma tête en démolissant le parapet. C'était la préparation de l'attaque boche

21 juin au matin, j'essuie le feu roulant de l'ennemi ; le carnage commence et notre artillerie est absente.

L'artillerie a commencé à taper, mais le feu n'était pas bien réglé, ça tapait à droite et à gauche. Le jour était venu, temps superbe. Dans le ravin on voyait une quantité de Boches qui descendaient la colline en face. C'était au moins à 2 km. Le lieutenant Potel a fait tirer la dessus au fusil, il a exigé qu'on tire sans même apprécier la distance et a fait supérieurement repérer la compagnie. J'étais avec le lieutenant Herbillon. Là-dessus la préparation d'artillerie a commencé et les mitrailleuses qui avaient vu ont commencé à faucher. Un homme de la section

Près du fort de Tavannes, le boyau d'Altkich entre le entre le fort et la sortie du tunnel, Juin 1916, photo Cl Lieutenant Charbonnier. Coll.BDI

est tué. L'observateur d'artillerie boche faisait son réglage en avant des lignes boches, juste en face la 1ère section. Toute la journée il a lancé des fusées, sans interruption, des fusées à languettes, et on leur répondait d'en face, une liaison épatante. De notre côté aucune artillerie, le feu est devenu très précis, on a commencé à se faire esquinter. A partir de 9h et demi, 10h du matin, feu roulant, la terre sautait partout. Au début la 2ème section a souffert davantage, puis le tour de la 1ère est venu, les hommes étaient réduits en morceaux.

21 juin après-midi je suis seul parmi les tués et les blessés

J'étais assis en face d'Herbillon, un petit obus, sans doute un 77, lui est tombé en plein dans le dos, il a été tué du coup et j'ai été préservé par lui. Il s'est mis à vomir le sang et m'a dit : « au revoir, écris à ma femme ». J'ai pris sa montre, il n'avait pas de papiers. Son ordonnance Bastard était à quelques mètres de là. Il restait à ce moment 3 ou 4 hommes valides, les autres étaient hachés morts ou blessés. Il était 3 heures. On espérait toujours qu'une mitrailleuse française aurait pu enrayer l'attaque mais on n'avait plus aucune fusée. Toutes avaient été détruites. L'adjudant Giraud[14] est venu me trouver pour que je lui fasse son pansement, il avait deux blessures à la poitrine, il était traversé, un doigt de coupé et avait été enterré. Il n'en pouvait plus, je lui ai fait ses pansements, l'ai fait boire, l'ai assis sur mon sac et ma couverture, puis j'ai été faire le pansement du sergent Jordon, blessé au ventre à 5 mètres de lui. Pendant ce temps un obus est tombé en plein sur Giraud qui a été tué, un éclat

[14] Mon père devait retrouver le sergent Joron au camp de Lechfeld, prisonnier comme lui. Joron n'a malheureusement pas survécu à sa blessure au ventre et en est mort au début du mois de décembre 1917.

m'a enlevé un bout de mollet. J'ai fait son pansement à Joron, il ne restait plus autour de moi que Bastard et Lhuillier, et un peu plus loin le sergent Combes dans des trous d'obus à droite mais on ne pouvait plus communiquer. J'ai vu arriver Péchon, caporal, comme une trombe. Il était blessé et voulait s'en aller. Il est parti.

Je reste presque seul de ma section, à la mitrailleuse, blessé par balle à mon tour je ne peux plus résister

Les Boches ont alors attaqué en plein sur nous, comme nous étions en pointe, ils ont avancé plus vite sur les côtés parce que nous tirions. Ils offraient une cible merveilleuse parce que le terrain allait en montant sur nous. Pour mon compte j'ai eu le plaisir d'en descendre 10, Joron, blessé et couché par terre, me passait les cartouches. J'étais monté sur le corps de Giraud pour tirer, nous n'étions entourés que de cadavres. Bastard tirait comme moi. Nous étions dépassés sur les côtés, et à ce moment j'ai reçu une balle partant de gauche qui m'a fait dégringoler. Nous avons été dépassés immédiatement et les Boches se sont installés à 20 mètres en arrière de moi. Je n'ai pas revu Bastard. Je restais étendu par terre. Certainement ayant perdu connaissance quelques instant

Fait prisonnier, je suis conduit au Ravin des Abris par les Boches notre artillerie se met enfin à tirer … sur nous !

Un Boche a voulu me lancer une grenade, il a levé le bras et s'est arrêté, je ne sais pas pourquoi, et il est venu me flanquer un coup de bâton pour me faire déguerpir. Je me suis levé, et les Boches nous ont fait descendre dans le ravin des Abris ; il y avait moi, Combes, les adjudants de la 2ème compagnie, Joron.

L'artillerie française ne tirait toujours pas, je n'ai pas entendu les mitrailleuses, et pourtant il aurait suffi de peu de choses pour enrayer cette attaque, les Boches ne paraissant pas nombreux mais si la résistance avait été plus forte, ils auraient mis les moyens sans doute. Dans le ravin je suis resté dans un trou d'obus, un type de la 2ème section m'a fait mon pansement. Les Boches ont pris nos armes, couteaux, appareils photo et ils ont évacué ceux qui pouvaient marcher. A ce moment j'avais beaucoup saigné et je souffrais pas mal surtout de ma jambe. Je n'ai pas bougé de mon trou d'obus avec le sergent Lesage du 132 °, non blessé. Une grande partie des prisonniers a été fauchée par notre artillerie en s'en allant, des Boches aussi naturellement, nous avons eu la veine de ne rien recevoir.

Evacué et soigné par les Allemands, en route pour l'hôpital à Munich

Lesage m'a fait boire une bouteille entière d'alcool de menthe, après ça allait mieux, il m'a emmené, nous avons fait au moins 6 km avec quelques autres blessés. On passait à côté des bataillons de réserve boches, on se reposait et on reprenait. Les Boches ne nous disaient rien, au contraire certains nous ont offert de l'ersatz café et des cigarettes. On est arrivé près d'une source où il y avait des blessés français, des boches. Là j'ai bu je ne sais pas combien de litres d'eau. Les Boches étaient pleins de déférence pour moi, me croyant officier parce que j'avais les galons droits, que les hommes m'aimaient bien et que je les connaissais tous.

Un infirmier boche nous a conduits au poste de secours dans une ferme démolie. Deux médecins boches m'ont fait mon pansement très bien, piqué au sérum antitétanique dans les pectoraux. Ils sont très chics, ils m'ont donné des couvertures et m'ont fait coucher. Ça n'allait plus. Il était 2 heures du matin. Vers 6 heures ils m'ont dit de me lever et m'ont fait mettre sur un brancard dans une voiture ambulance. Sur la route d'Ornes défoncée par les trous d'obus chaque secousse me faisait très mal. On m'a déposé à un poste de secours dans la forêt et ensuite on nous a charriés sur une Decauville qui longeait une route. J'étais à côté d'un lieutenant d'artillerie boche qui avait la jambe cassée, souffrait et me regardait avec des yeux farouches. On est arrivé à une ambulance installée sous des tentes le long d'une ligne de chemin de fer. On nous donnait bien à boire. Le soir à 6 heures on nous a embarqués dans un train, 8 brancards dans des wagons à bestiaux et vers minuit on est arrivé à Pierpont. On nous a embarqués dans des ambulances automobiles et nous a conduits dans un hôpital d'étape sur une hauteur. On nous a mis dans une grande salle de blessés, quelques Français et beaucoup de Boches sur des lits où on était pas mal. Le lendemain matin un médecin m'a refait mon pansement, c'était tellement collé que ça m'a fait très mal. Il ne me restait plus que de si petits bouts de chemise que je suis resté dans mon lit sans chemise, on m'en a donné une deux jours après avant de partir.

Une infirmière, une Berlinoise, m'a donné du Byrh. Là j'étais avec le sergent Gage qui avait le bras cassé, le caporal Pelisson, mâchoire cassée, langue coupée et blessé de plusieurs côtés, il fallait le nourrir avec un caoutchouc. Deux jours après on nous a conduits à la gare en auto et nous avons pris un train sanitaire superbe : 8 lits et l'infirmier dans chaque wagon, un médecin pour le train. L'infirmier était polonais et n'en pinçait pas pour l'Allemagne. Enfin il était gentil. Il était horticulteur et avait des bouquins de fleurs. Nous sommes restés 3 jours dans le train, on est arrivé le 26 à midi à Munich. Dans le wagon il y avait 3 Français, l'adjudant Fleury, le sergent Gérard et moi. A Karlsruhe une jeune fille boche est venue dans le wagon nous apporter une rose à chacun ainsi qu'aux Boches. Dans un autre endroit un officier de cavalerie boche nous a offert des cigares. A Munich le soldat boche qui était dans le wagon au-dessus de moi, blessé, m'a offert de la bière. De la gare à l'hôpital transport en tramway sur les brancards. A l'hôpital les Français étaient séparément dans une grande salle de gymnastique, environ 80. Le traitement a été très bon à l'hôpital, le médecin (von Miller) parlant Français très couramment était très chic. Une fois un malade souffrant beaucoup de coliques, il lui apportait des litres d'huile qu'il payait de sa poche. Une autre fois il apportait un poulet à un grand blessé. Il y avait beaucoup de cas de tétanos guéris. Le Dr. Langlet[15] pourrait dire par quel procédé. La nourriture était bonne. A ce moment-là, je trouvais que c'était peu, mais maintenant je trouve que c'était très confortable. On avait de la bière, c'était le même traitement que pour les Boches blessés. On pouvait prendre un bain par semaine. J'ai été radiographié parce qu'on croyait que j'avais l'omoplate cassée, mais il n'y avait rien. Voyant les colis arriver et les bons traitements dont nous étions l'objet, je comprenais peu ce que j'entendais dire sur les camps par ceux qui en revenaient

---

[15] Dr. Langlet de Reims, ami de la famille, fils du Maire de Reims qui restera prisonnier toute la guerre .

L'attaque de ce 21 juin : bilan

Cette attaque se prolongera jusqu'au 23 juin, offensive dont on s'accorde pour dire qu'elle a été l'une des plus violentes et meurtrières de toutes celles que les Allemands ont exécutées sur Verdun, et ce ne sera pas la dernière ; « les Allemands attaqueront sans soute encore » avait dit Pétain deux mois plutôt en avril 1916 dans son ordre du jour qu'il terminait par cette fameuse phrase « Courage on les aura ! « . Oui, « enfin on les aura, tout le monde le dit, il n'y a qu'à le croire « disait déjà mon père depuis sa tranchée de Champagne dans une lettre du 31 mars, et s'il n'avait pas été prisonnier, c'est probable qu'il aurait suivi son pauvre régiment et continué à se battre, sans gaieté de cœur mais sans se dire qu'il repartait au front en acceptant d'avance qu'il serait tué, en sachant seulement que cela pouvait lui arriver et ne faisant que ce que sa raison et sa conscience lui auraient conseillé. L'attaque si meurtrière à laquelle il venait de résister et de survivre l'avait endurci.

A s'en tenir à la journée du 21 juin sur laquelle le témoignage de mon père jette la lumière, on se doit en vérité et non sans dépit, de déplorer les conditions dans lesquelles les choses se sont passées. Le récit qu'en a fait mon père et que l'on ne peut mettre au défi de contester, autorise pleinement à le dire.

Dès le départ du Tunnel de Tavannes plus de commandement, plus de renseignements, plus de guides pour la reconnaissance des emplacements de combat auxquels enfin on parvient sans se douter de la proximité des lignes boches ; quant aux emplacements laissés par la section dont celle de mon père assurait la relève : des petits bouts de tranchées absolument insuffisants pour les hommes, et pas question dans le peu de temps restant avant que le jour ne se lève de travailler à agrandir quoi que ce soit, des trous faute de tranchées où les hommes doivent se tapir, et on sait ce qui leur en a coûté ; l'ordre stupide de ce lieutenant Potel, commandant la Compagnie, de tirer sur l'ennemi à une distance qu'il n'avait pas même appréciée, lui donnant ainsi l'avantage de cibler parfaitement ses tirs, on sait qu'elles en ont été les conséquences ; et pendant tout ce temps de l'assaut ennemi une artillerie côté français qui reste muette, qui ne « conquiert pas » et ne permet même pas à l'infanterie de «tenir», (Joffre n'avait-il pas dit : « l'artillerie conquiert, l'infanterie occupe) mais qui, pour comble du malheur, se met à tirer au moment où les Boches, déjà maîtres du terrain, emmenaient prisonniers nos survivants, fauchant ainsi beaucoup d'hommes, Français comme Allemand

EN BOCHIE-PRISONNIER EN ALLEMAGNE

Juin 1916 - décembre 1917

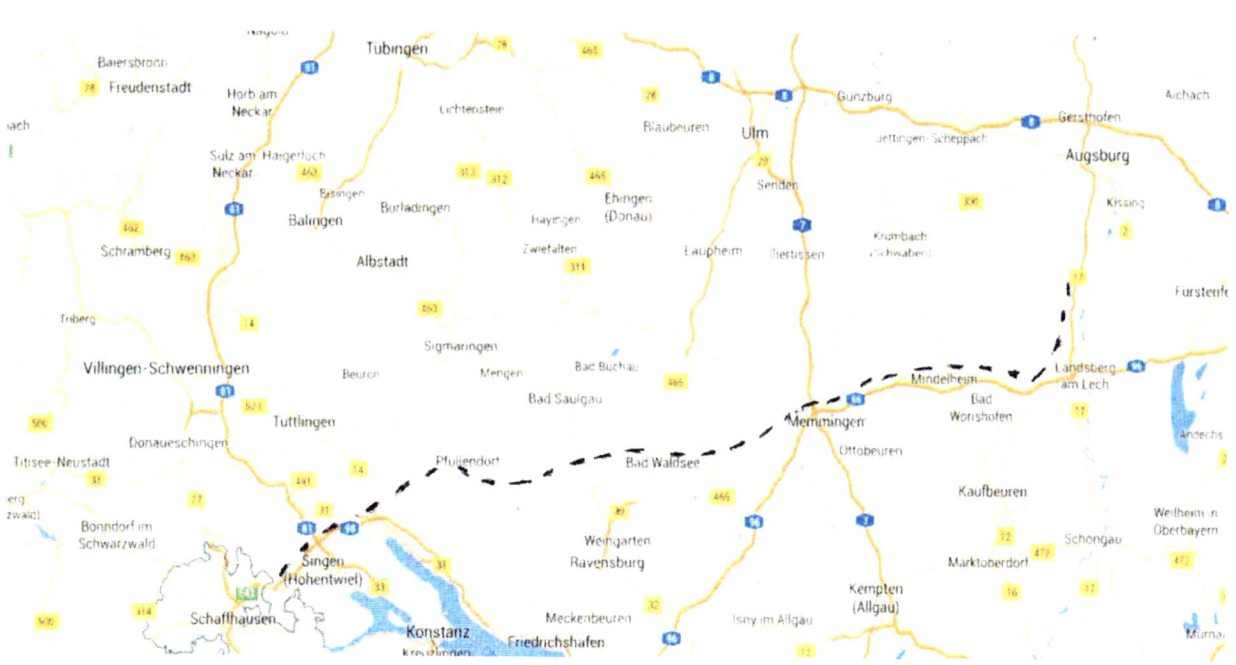

Itinéraire de l'évasion du 5 au 13 décembre 1916 depuis Lechfeld, jusqu'à la frontière de l'enclave suisse de Schaffhouse, soit environ 100 km

A Munich,

A l'hôpital de l'école militaire, mon père est très convenablement soigné et entrevoit une guérison rapide : « mes blessures se ferment à vue d'œil, mon bras marche bien à présent... « est-il en mesure de dire à sa mère le 21 juillet, mais non sans savoir d'un autre côté qu'il sera vite « mur pour le camp «, d'autant que son état ne cesse de s'améliorer : « j'ai eu une veine extraordinaire, le trajet de la balle a été absolument superficiel. Je n'ai plus que 2 cm de mollet à laisser se refermer et ça ne m'empêche nullement de marcher »

Les colis de Paris qu'il reçoit et qu'il a plaisir à déballer contribuent grandement à le rendre heureux, comme ce pyjama qui fait sensation et qu'un général, venu passer une commission, remarque et lui demande s'il provient du Louvre ou du Bon Marché ! (Lettre à sa mère du 30 juillet).

A Puckheim,

Ce qui a pu sembler du bon temps n'a eu qu'un temps.

Mon père quitte Munich le 24 août pour le camp de Puckheim en Bavière, son premier camp de prisonnier ; il y retrouve de bons camarades, Il-lac en veston, Graulle en russe, Chiarasini en tirailleur, Blachère avec son violon et Saudret, comme on peut le voir sur la photo qu'il envoie sa mère le 8 octobre depuis Lechfeld.

A Puckheim mon père, comme il le dit à sa mère le jour même en arrivant au camp, a « moyen de se faire une petite vie pas trop désagréable... il y a des fourneaux où chacun fait sa popote...comme correspondance on a droit à 4 cartes et 2 lettres par mois... »

Mais il est clair que la vie serait plus agréable encore s'il pouvait retrouver la liberté, donc s'évader, ce qu'il va tenter de faire au cours du mois de septembre, mais échouera : « sorti du camp habillé en Russe avec une corvée qui allait travailler dans une usine, je ne pus m'échapper de cette corvée. Porté absent à l'appel, après un jour de cellule, je fus envoyé au camp de représailles de Lechfeld « Ce sont les seules précisions que mon père a consignées dans son dossier d'obtention de la Médaille des Evadés, et dans les lettres qu'il a envoyées de Puckheim avant le départ pour Lechfeld le 28 septembre il ne dit pas un mot de sa tentative d'évasion.

Mon père a désormais un « dossier « qui le suivra à Lechfeld où il fera la punition qu'il n'avait pas faite à Puckheim : jugé mauvais sujet, prompt à organiser l'évasion des autres en attendant la sienne, de surcroît refusant le travail volontaire comme il se doit en tant que sous-officier français, tout cela ne pouvait prédisposer à mansuétude à son égard.

A Lechfeld

Lechfeld était le camp principal de représailles pour les sous-officiers, situé en Bavière, à l'ouest de Munich et au sud d'Augsburg, face aux montagnes du Tyrol. Lechfeld reçoit des sous-officiers pris non seulement à Puckheim mais dans tous les autres camps de Landshut, Dillingen, Landsberg. Il fallait pour l'Allemagne le plus possible de volontaires pour le travail, bien que, selon l'accord international, les sous-officiers peuvent refuser de travailler, seuls les sous-officiers volontaires peuvent être admis à travailler.

Lors d'une visite des délégués espagnols, le 29 septembre 1916, il y avait camp dont 344 sous-officiers français et 3980 sous-officiers russes répartis dans différents détachements de travail.

Le recrutement pour le travail donnant des résultats satisfaisants, les Allemands concentrèrent à Lechfeld presque tous les sous-officiers se trouvant en Bavière ; mon père a pu noter ainsi que d'avril à juin 1917 il en arriva des détachements de tous les camps : Würzburg, Hammelsburg,

Grafenmöhr, Ingolstadt, Nürnberg

(Nuremberg), Regensburg (Ratisbonne)... Lors d'une nouvelle visite des délégués le 28 avril 1917 il y avait 917 prisonniers à l'intérieur du camp, dont 270 sous-officiers français.

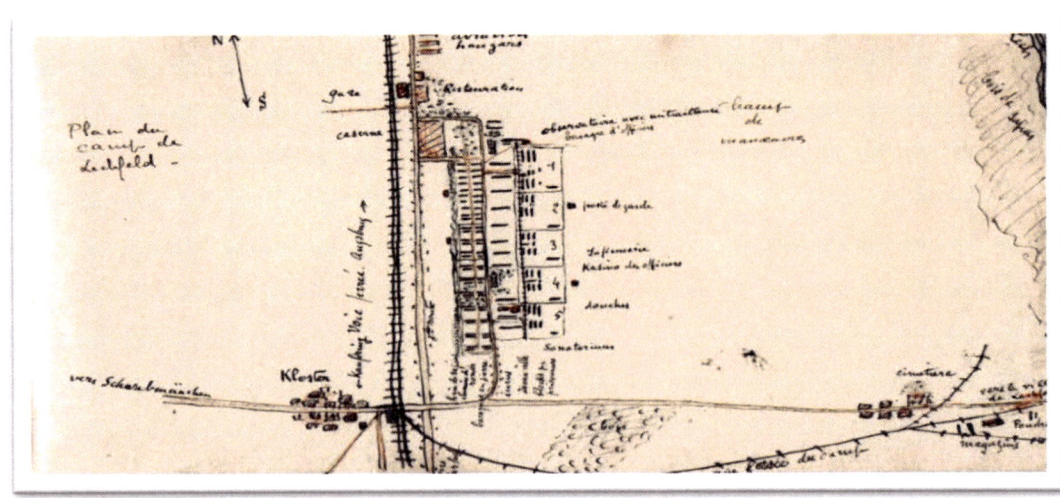

Lechfeld, camp de prisonniers, camp de représailles

A Lechfeld les conditions dans lesquelles les prisonniers sont logés sont très mauvaises, voire misérables ; mon père comme tous ses camarades du même baraquement

Le pire à Lechfeld, ce dont les prisonniers sont avant tout victimes, tient au régime impitoyable des punitions de prison ainsi qu'au pillage éhonté des colis qui leur sont envoyés. Il faut y ajouter, pour rendre plus insupportables encore ces conditions de détention, la censure et la destruction même du courrier, privant de nouvelles les prisonniers comme leurs familles et leurs proches.

se plaignent des paillasses, sales, infectées de poux, ces ignobles totos contre lesquels il faut aussi livrer combat, et si étroites qu'on peut à peine y dormir.

Deux personnages à Lechfeld rivalisaient de zèle pour imposer avec sadisme pareil régime : un vieux capitaine de chevau-légers - Rittmeister allemand - bilieux et féroce, terreur des prisonniers, le capitaine Haller, surnommé Coco Bel

Œil, et pour l'accompagner une brute fourbe et raffinée, le Général Raab. Ainsi Lechfeld, camp de représailles, ne pouvait renier sa détestable spécificité

La prison à Lechfeld

Les cellules de prison du camp avaient été aménagées dans d'anciennes écuries : une cellule claire, laissant passer la lumière du jour, solidement grillagée derrière des barreaux, dite de Mittelarrest, alternant avec deux cellules, sans fenêtre, totalement obscures, avec pour seuls éléments un bas-flanc très dur, une cruche d'eau et une tinette d'une forte puanteur, cellules dites de Strengarrest.

Le geôlier surnommé « Ruhe « (prononcer Rouheu) faisait irruption chaque matin à

7 h dans la prison,   l'Arrestbaracke, en poussant ce cri, Ruhe, tel un dompteur dans une cage de fauves, avant de présider au vidage des tinettes et au nettoyage des cellules ainsi qu'à la généreuse distribution d'un cinquième de boule de pain KK et, tous les 3 jours, d'une soupe que les détenus absorbaient en se tordant le nez, mais absorbaient quand même.Ruhe avait à nourrir femme et enfants à qui il envoyait régulièrement les bénéfices réalisés sur ses clients, les prisonniers. Simple soldat, Ruhe fut nommé Unteroffizier, ce qui le rendit plus méchant.

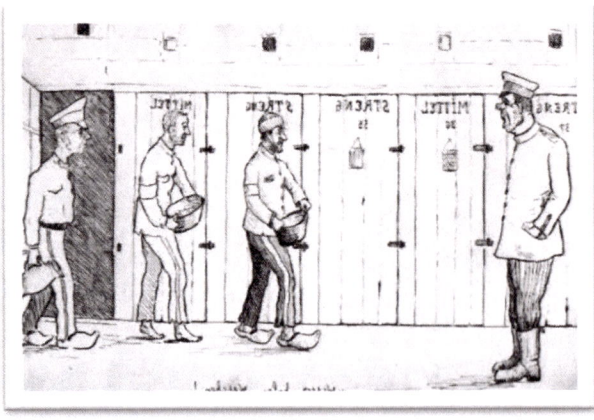

La prison à Lechfeld ne désemplissait pas

Les peines tombaient à tout moment, souvent pour les motifs les plus futiles, les plus stupides, le non-respect des interdictions les moins sérieuses dont la multiplication permettait d'augmenter les jours de cellule : avoir fumé dans les baraquements, avoir laissé du linge à sécher à une heure donnée, se coucher sur sa paillasse dans la journée, s'approcher à moins de 10 m du fil de fer d'enceinte, posséder un sac tyrolien, des effets civils, de l'argent allemand...

Des peines beaucoup plus fortes de 60 jours de cellule d'un coup tombaient aussi fréquemment. Les Allemands triplèrent d'ailleurs les punitions à partir de mai 1917, en représailles, affirmaient-ils, des punitions excessives infligées en France à leurs prisonniers, les punitions étant ainsi portées à 63, 72 ou 84 jours de prison.

La dernière tentative d'évasion en mai 1917 a valu à chacun des camarades de mon père 15 jours d'arrêt sévère (strengarrest) et 28 jours de détention, soit en fait le même régime que le strengarrest, mon père ayant vu sa peine doublée pour avoir dit au général : « c'est ça la Kultur (prononcer cultour) allemande »

Le strengarrest ne suffisant pas, devant l'augmentation du nombre des évasions, les Allemands inventèrent à Lechfeld le « bivak ». Le bivouac était un traitement barbare appliqué aux Français, après avoir été essayé sur les Russes et les Serbes ; c'était un enclos de 8 m sur 10 m, entouré de fil de fer barbelé, sans aucun abri, avec un baquet d'eau en tout et pour tout, gardé par une sentinelle, où étaient enfermés les évadés repris, dans l'attente de leur comparution devant le Herr General qui statuait sur la peine définitive. La plus forte peine de bivouac était de 14 jours

« On vous mettait à poil » raconte mon père, « on vous fourrait sur le dos quelques défroques boches crasseuses et déchirées, on vous tondait les cheveux ras et on vous remettait des sabots

de bois. Ainsi transformés en forçats, on vous livrait au geôlier... Un cinquième de boule de pain vous était remis chaque matin et constituait toute la nourriture de la journée. Le Général venait s'assurer en personne que l'on n'avait ni manteau ni flanelle, ni chaussette. Après avoir grillé toute la journée, on gelait pendant la nuit, et l'on restait plusieurs jours de suite avec des effets trempés par la pluie ou la neige. Quand le prisonnier succombait à ce traitement ou n'était plus capable de se lever, le geôlier l'enfermait dans une cellule noire de la prison à côté ». Mon père en va-t-il fait, il ne le dit pas, mais il est probable qu'il a dû subir cette peine sordide, réservée à ces prisonniers récalcitrants et impénitents dont il était.

Le pillage éhonté des vivres des prisonniers

Au printemps 1917 le durcissement des peines de prison et de bivouac destiné à enrayer les évasions alla de pair avec la suspension des colis aux prisonniers. C'est une dépêche gouvernementale qui ordonna cette mesure, justifiée, parait-il, par la découverte de conseils de sabotage qui aurait été faite dans certains envois. Le général Raab avait trouvé là le meilleur prétexte à la fois pour nourrir tous les Allemands du camp et pour affamer les sous-officiers français et les déterminer à se porter volontaires pour le travail auquel ils étaient en règle réfractaires.

Le pillage commença donc ainsi que le rapporte mon père : « les premiers jours les Allemands ouvrirent une bonne partie des boites de conserve des colis retenus à la poste et apportèrent aux prisonniers dans des sceaux un effroyable mélange de lait condensé, de graisse, de pâté, de confiture, de viande pourrie et de viande saine... Nous refusâmes d'y toucher en protestant énergiquement et pour que par là nous ne puissions pas prouver un vol flagrant, ils mirent de force, après avoir puni les cuisiniers et installé un planton à la cuisine, de ces conserves dans la soupe de l'ordinaire. Nous refusâmes d'en manger pendant quelques jours, mais la faim nous fit céder. Alors pour nous forcer à manger de ces conserves dans la soupe de l'ordinaire. Les conserves mises dans la soupe diminuèrent rapidement : par jour pour 200 hommes 5 kg de conserves. L'ordinaire était absolument insuffisant pour se nourrir : le matin du café de glands sans sucre, à midi farine de maïs avec le son bien entendu, soit de la choucroute de betterave, soit de l'orge ; le soir une soupe de graines de soleil ressemblant à de l'eau boueuse et de temps en temps des morceaux de cheval séché, coriaces et gâtés, qu'on laissait malgré la faim et qui occasionna des dysenteries nombreuses. Pour la forme, en 5 mois, ils firent 3 distributions de vivres en vrac : il revenait à chacun une barre de chocolat, 30 grammes de café, 25 grammes de tabac et 200grammes de pâtes environ.

Tous les allemands employés au camp arboraient maintenant le sac tyrolien dans leurs allers et venues ; le matin les sacs étaient vides et le soir nous savions bien ce qui les gonflait. Et de l'autre côté des fils de fer, sur la route, des charrettes entières de vivres passaient, se dirigeant vers la Kommandantur et le Kasino (mess) des officiers.

Un délégué de la Croix Rouge suisse vint au mois d'août et fut étonné d'apprendre que nous ne recevions pas nos colis. Le Général lui promit de recommencer les distributions comme autrefois, mais comme aucun Français n'était encore employé à la poste à la réception et à la vérification des colis, fouillés en leur absence et ensuite apportés au camp, on a pu qu'évaluer à un cinquième au grand maximum la part des colis remise ensuite aux prisonniers ; non contents de faire disparaître des colis entiers, les Allemands volent une bonne partie des vivres contenus dans les colis qu'ils donnent et pour lesquels ils

ont un goût prononcé tels que le chocolat, le lard, le jambon, le tabac, les cigarettes et les cigares qui sont bien entendu raflés, les chaussures aussi : des prisonniers retrouvent dans leurs colis de vieux brodequins boches mis à la place des chaussures neuves qu'ils attendaient ».

La suprême consolation : un Mass de bière et un mauvais cigare -

Le traitement du courrier

Les prisonniers pourtant restaient silencieux dans leurs lettres quant à ce régime révoltant qu'ils subissaient. Il ne faut pas s'en étonner, c'est la conséquence de la censure exercée, surtout sur le courrier partant de Lechfeld et dont témoigne le tampon geprüft (contrôlé) sur les petits cartons sur lesquels les prisonniers ne pouvaient griffonner que quelques mots sans trop importance. Les lettres sont ouvertes et tombent sous les coups de ciseaux de la censure, des passages entiers sont coupés. Il ne sert donc à rien pour les prisonniers de faire état dans leurs lettres de tout ce qui peut toucher aux conditions dans lesquelles ils vivent, punitions et préparatifs d'évasion en particulier.

Mon père par exemple dans une lettre très courte du 4 décembre 1916 à sa mère ne lui dit rien de l'évasion qu'il prépare pour le lendemain, sa mère ne l'apprendra que beaucoup plus tard après par l'abbé Devaud, visiteur des camps de prisonniers en Bavière. Rien non plus au sujet de la nouvelle tentative d'évasion que mon père fera début mai 1917 dans sa lettre du 3 juin dont 12 lignes s'y rapportant ont été coupées.

Mais encore faut-il que les lettres des prisonniers soient bien expédiées ou que celles qui leur sont envoyées leur soient bien remises, ce dont il est impossible de s'assurer car à Lechfeld la poste est à l'extérieur du camp et à partir de mars 1917 les Allemands en retirèrent les Français qui y étaient employés.

Aucune lettre de décembre 1916 au 15 février 1917 ne parviendra à ses parents, alors qu'il leur avait écrit à plusieurs reprises pendant cette période ; une carte de mon père du 21 mars n'arrivera que le 11 avril pour le mariage de sa sœur Anne-Marie avec Robert Desaubliaux ; quant aux lettres qu'il est censé recevoir de sa mère, très peu lui parviennent : bien que transmise par la Croix Rouge suisse, la lettre que lui envoie sa mère de Genève en novembre 1917 pour ses 20 ans ne lui est jamais parvenue.

Les camarades, les évasions

S'évader pour échapper à tout cela, c'est évidemment ce que tout prisonnier a en tête, mon père le premier. « L'évasion nous travaillait salement « consigne-t-il dans ses notes. Mais on ne s'évade pas seul, et pour préparer son évasion, au moins pour mettre les chances de son côté, il faut pouvoir compter sur les camarades, être prudent, organisé, inventif…

Lorsqu'il arrive à Lechfeld en septembre 1916, mon père a certes quitté les amis qu'il s'était fait à Puckheim mais il s'en fait d'autres tout de suite : « Ici je suis avec Chiarasini, Gentini, Mercuri, Leca, une bonne Bande « est-il heureux de confier à sa mère le 28 septembre. « Une bonne Bande « en effet, disons même « la bande des Corses « avec toute la sympathie que l'on ne peut qu'éprouver pour eux, tant est forte leur camaraderie.

Il me faut parler d'eux, de Chiarasini, sergent, et de Leca, adjudant-chef, en particulier, les fidèles et solides compagnons de mon père, avant d'en

venir aux évasions qu'ils vont entreprendre ensemble.

Chiarasini, « c'est mon meilleur ami de captivité, il est d'Ajaccio, son père est officier, son frère est consul à Barcelone, lui est étudiant en droit « dit mon père dans une lettre du 30 octobre. C'est avec « Chia «, son inséparable, comme il aime à le redire, que mon père organise quelque peu leur quotidien au camp, ils « font tambouille à deux « mais, mon père le reconnaît, « les plats de notre fabrication ne sont pas fameux, ni l'un ni l'autre ne sommes des cordons bleus extra, et à part de faire du café, du chocolat et de réchauffer une boite que nous possédons, nous recourons pour le reste aux conseils de camarades plus compétents ! «. (lettre à sa mère du 9 novembre)

Leca, c'est la même amitié ; entier de caractère, toujours plein d'entrain et prêt à aider les autres, moins chanceux, il finira quand même par réussir son évasion après au moins 3 échecs.

La guerre terminée, Leca apportera à mon père un chaleureux et précieux témoignage pour l'obtention de sa Médaille des Evadés.

La bande était bien consciente des difficultés que présentait toute évasion, que ce soit du camp même ou, ce qui pouvait peut-être sembler plus facile, du lieu de travail, à l'extérieur, le plus souvent depuis une ferme dans la campagne où

ils auraient, pour cette raison accepté de travailler volontairement.

« Nos trois camarades, nos trois chers poilus, comme ils aimaient s'appeler entre eux, l'avaient bien compris ; quoi que réfractaires au travail volontaire en tant que sous-officiers, ils ont ensemble et immédiatement, en octobre 1916, demandé à travailler, bénéficiant ainsi d'un préjugé favorable et d'un changement d'affectation au sein du camp, à la 6ème compagnie : autre block, quelques jours de mieux, la paix, à croûter davantage «, dit mon père dans ses notes.

Mon père, Chia, Leca et Mercuri se sont donc vite trouvés en détachement de travail dans des fermes, affectés à des travaux différents, mon père seul de son côté, les trois autres dans une autre ferme où mon père les rejoignait le soir.

Mon père raconte ses journées, assez dures : « 1er jour : batteuse, poussière, le soir mort, sale...le Posten (la sentinelle) en bas, bon zigue mais fallait l'amadouer- affaire de 2, 3 jours...le 2ème jour : zeppelin -charger x voitures de m....et la vider dans les champs - quand on est pas adroit, éclaboussures, le soir je sentais la rose...

Je mangeai dans la ferme avec la femme du Maire, un jeune homme dirigeant une fromagerie à côté, et la blonde Mina, au pied de marmite et à la poitrine plantureuse qui pataugeait les pieds nus dans l'étable...

A table le plat au milieu, tout le monde se sert dedans -pommes de terre bouillies, salade pâtes rissolées ressemblant à des pommes de terre sautées, désillusion - quand il y a du lait, chacun trempe sa cuiller dans la marmite- c'est dur de réprimer son dégoût la 1ère fois - 5 repas par jour : à 6 h du matin soupe de farine, à 10-11 h Brotzeit soit un morceau de pain avec parfois du fromage et de la bière, à midi déjeuner, à 4 h Brotzeit comme le matin, à 7 h dîner peu consistant... [7] » .

« L'ambiance est détendue à l'autre ferme. Mon Leca les faisait tordre comme des baleines, raconte mon père ; la vieille femme l'appelait : Anton ! Ménage ! Ils s'attablaient, la vieille apportait un morceau de pain sec, Chiarasini se mettait au

devoir de le manger, Leca de se récrier « attendez au moins la suite, elle va dire que nous ne sommes pas polis « Chiarasini craignant de ne rien avoir d'autre se met à boulotter, la vieille revient les mains vides, Leca en rogne : c'est toujours le ménage mais rien à bouffer !

Le nom de Ménage est resté à Leca de ce jour ». Eux, soupire mon père, avaient des chevaux à soigner et en avaient une sainte frousse.

3ème jour pour mon père : « je conduisais des voitures de fumier dans des prairies près de la forêt -seul - je m'orientais et tirais des plans. A 6 h du soir le Posten me dit de cesser le travail, sofort (sur le champ) et de réintégrer la baraque. A 6 h 1/2 retour au camp, furieux, il faisait jour - plein de gosses autour de la maison pour nous voir partir-le patron attelait pour nous reconduire -rien à faire -c'était notre dossier de Puckheim qui était arrivé ; on nous rappelait ».

Pour mon père ce fut le premier et le seul détachement de travail propice à évasion, mais la malchance a fait qu'il ne put en profiter. Quelques jours après Leca et Mercuri repartaient travailler à la campagne et s'évadèrent à nouveau : cette fois Mercuri, plus heureux, parvint à passer la frontière et à rentrer en France ; Leca se trompa, erra toute une matinée près de la ligne et retomba sur un Boche qui le croqua. A son retour au camp, il était désespérer-le geôlier le croyait fou. Vieux compagnon d'infortune,

Leca finira par réussir et rentrer comme évadé en France.

Restait donc pour mon père à tenter l'évasion du camp même, c'est ce qu'il fit à 3 reprises qui toutes échouèrent.

La première évasion, c'est avec Chia, tous les deux seuls, que mon père l'organisa et la tenta le 5 décembre 1916. Cette évasion aurait pu réussir car elle avait été minutieusement préparée par mon père, elle était du reste sur le point de réussir, mais par malchance nos deux prisonniers sont repris juste au moment où ils passaient la frontière près de Constance et pénétraient en Suisse.

Mon père a fait le récit de cette évasion qui a duré 7 jours ; à sa lecture - ci-après - on peut revivre, nuit et jour et presque heure par heure, ce que lui et Chia ont rencontré comme difficultés au cours de leur escapade manquée, on peut s'imaginer leur déception, ne disons pas désespoir car la volonté de liberté les conduira à d'autres tentatives qui seront malheureusement autant d'échecs.

Une deuxième évasion est tentée le 25 février 1917 depuis le camp à Lechfeld ; cette fois mon père est toujours avec Chia et aussi avec Leca. Voici le récit qu'en a donné Leca et qui est le même que celui de mon père : «   Profitant d'un déménagement, nous nous cachons dans le trou d'aération d'une baraque, attendant la nuit pour sortir, mais les Allemands ayant remarqué notre absence aux appels continuèrent à faire garder le camp cependant évacué. Malgré la neige et la vigilance des sentinelles nous réussîmes à traverser 3 rangées de fils de fer barbelés et nous échapper vers 1 h 30 du matin. Nous fûmes repris en traversant la voie ferrée au sud du camp par une sentinelle double « 3 semaines de strengarrest.

Troisième tentative d'évasion le 5 mai 1917 ; ce fut encore l'échec. Ils sont 5 cette fois : à mon père, Chia et Leca, se joignent le sous-lieutenant Peyrus du 85° RI et l'adjudant-chef Matter du 2° Colonial.

C'est à Leca que nous devons encore le bref récit de cette tentative : « Nous avions résolus d'exécuter une évasion au camp russe à côté du nôtre, mais comme nous étions enfermés à clé dans la baraque spéciale aux évadés, nous nous habillâmes en Russes. L'adjudant-chef Matter du dehors ouvrit la porte avec une fausse clé fabriquée par le sergent Huguet du 29°. Après nous être cachés dans un cabanon de cuisine, attendant le moment propice, L'éveil fut donné aux Boches et les sentinelles renforcées. Nous étions croqués et ramenés en cellule ».

En fait ils avaient été trahis par des Russes qui espionnaient pour les Boches et ils n'ont pas pu mener à bien leur projet d'évasion. On ne pouvait rien prouver contre eux, mais ils furent tout de même punis de 10 jours de strengarrest.

Les évasions se multipliant, toujours de nuit, les Boches décidèrent en effet en mars 1917 d'enfermer la nuit les suspects, mauvaises têtes ou évadés repris, dans une baraque spéciale, la baraque des évadés (Flüchtlingsbaracke) ; l'Unteroffizier de service venait y faire l'appel et verrouiller le soir à 7 h, rouvrir le matin à 7 h. Oberthür et Chiarasini, considérés comme dangereux après leurs deux évasions de l'hiver, étaient presque toujours les habitués de la dite baraque.

Après l'échec de sa dernière tentative d'évasion mon père était démoralisé. Lechfeld, véritable prison, était ressenti de plus en plus mal, les nouvelles de la guerre étaient mauvaises.

Découragement, résignation, espoir dans l'attente de meilleures conditions de détention… Mon père ne voyait plus alors qu'en l'internement pour lui apporter de meilleures conditions d'existence, ce qui arrivera à la fin de l'année : il quitte Lechfeld le 7 décembre 1917 pour être interné en Suisse en janvier 1918

L'évasion du 5 décembre 1916 avec Chiarasini

récit reconstitué à partir des notes de mon père et des dessins

Oberthür et Chiarasini préparaient déjà leur évasion en novembre lorsqu'ils étaient à la 6ème compagnie

où les conditions étaient plus supportables pour les prisonniers :

« Feldwebel (adjudant) barbu, gros, gonflé d'orgueil « chef de la compagnie « ich will mehr Propretät, mehr Reinlichkeit (je veux plus de propreté) » ...- cuisine, colis arrivaient bien, plus qu'il n'en fallait, j'en donnais à tous les camarades - nous étions une douzaine, une vingtaine - une baraque - G... avec son accordéon, les Serbes avec cornemuse - cartes - topos - jeux - le temps passait très vite - Chiara et moi pas cuistots épatants, mais quand on voulait faire quelque chose de bon, on appelait un camarade plus expérimenté à la rescousse ... -mouchardés par Russes que nous faisions des cartes frontière - fouille carabinée : pas le temps de cacher quoi que ce soit -d'abord fouille individuelle - l'interprète B... me prend mes croquis dans mon portefeuille - les met dans sa poche sans rien dire-pas rendus -^mais chic de ne pas me faire punir-mais le lendemain, ayant reconnu nos sentiments pour le travail, ils nous renvoyèrent à la

5ème Cie avec le reste des Français -moins bien -grandes baraques, pas doublées -froides et obscures -boue tout autour ».

« Le 4 (décembre) je me procure une cisaille - le soir lune -pas moyen -le lendemain préparatifs : un paysan corse Emmanuelli, que Chia faisait marcher comme il voulait, nous donna un coup de main ; il nous manquait de la force dans les poignets - appel à 5 h - à 5 h 1/2 nous étions sacs au dos aux fils près des cabinets - le trou

demanda au «bandit» 5 minutes - puis à 4 pattes -temps humide, un peu de brume -parfait - dans les fils de fer sur notre gauche un Russe au bivouac - quelques camarades l'avaient entraîné plus haut et surveillaient ce côté - nous avions convenu de cris conventionnels - en passant à hauteur de la sentinelle, elle était tout près, une dizaine de pas -elle ne nous voit pas - nous continuons et nous rentrons dans le bloc désert à 50 m dans son dos - pas moyen de couper -mains glacées - nous passâmes les sacs d'abord, puis nous après -en écartant les fils et en nous déchirant les effets-marche rampante sur la prairie du bloc -puis passage de nouveaux fils - pas loin du poste-enfin la sortie définitive - une bonne 1/2 h en tout -on marche baissé un instant -puis debout -on respire-vers le bois- on met là les casquettes - civils - on sangle les sacs et en route -on traverse la voie du camp, puis file sud sud-ouest en laissant les lumières du camp dans notre dos -à travers champ enterre la cisaille - à la boussole - voie ferrée Augsburg-Kaufering -tôt encore ! train de marchandises - on attend dans un fond près de la voie -puis on marche -sur un petit sentier le long de la voie - forêt de grands sapins -sous-bois noir -on se méfie de tout -près de Kaufering, encore du monde, on voit des lumières et entend des voix - on se planque 3/4 d'h dans le bois - puis vers 11 h on repart -on contourne le village d'Igling - après cela on approche un pont prudemment -les premiers jours excès de prudence- les derniers contraire - on s'arrête pour boire et faire pause toutes les 2 heures à peu près -voie interminablement droite jusqu'à Buchloë - en vue des lumières de la gare, on dévale le remblai à droite et coupe à travers champs pour rejoindre des carrières inondées -sur la voie un bonhomme avec une lanterne -on se cavale dans les labours -on traverse sur le pont du chemin de fer - à hauteur de Zollhaus (gare de Turkheim) la route traverse la voie -bois à gauche -il est 4 h du matin - nous cherchons une cachette pour la nuit -il y a de la neige mais peu abondante – entrons dans le bois et trouvons sapinière petite mais fourrée)-nous nous y installons -déchaussons, enroulons dans couverture, cassons la croute - fumons une pipe -il fait froid - blottis l'un contre l'autre, on attend le jour - beau temps -dans la journée nous nous assoupissons quelques instants - mais fièvre -pas sommeil -on fume beaucoup -quelques coups de fusil de chasseurs au loin -cloches des villages environnants -femmes passent tout près -pas inquiétés - on entend le canon de Lechfeld et l'on pense à la tête du Feldwebel -casquette de Chia dans le bois perdue, 2 jours après on la retrouve dans une poche -nous dressons notre étape pour la nuit suivante - quelques mauvais croquis seulement ; mais j'ai tellement étudié la carte que j'ai gravé dans la tête les noms des moindres patelins, Chia est épaté -nous ne nous sommes pas trompés d'un pouce -le soir est long à attendre -nous nous mettons en route de bonne heure -route nationale vers Mindelheim - avant le village de Kirchdorf nous rencontrons un bonhomme avec un fouet sur l'épaule -Guten Abend (Bon Soir) - Grüssgott (Salut) -Chia marmotte quelques mots, mais je l'attrape parce qu'il parle trop mal le Boche -nous coupons à travers des prairies - le terrain monte vers la forêt -8 Km en forêt -puis descente sur Mindelheim -dans la côte une scierie -un chien aboie après nous -nous nous éloignons en vitesse -on évite la gare, puis on reprend la voie -pose près d'un petit torrent glacial - un biscuit, un bout de saucisson, un quart de flotte avec alcool de menthe ou essence de café (en poudre excellent) -on boit comme des trous, soif terrible, gorge en feu.

Vers 4 h du matin on cherche des bois :brouillard, impossible de les distinguer - on croit que c'est une sapinière, c'est un labour - enfin à la gare d'Erkheim, on prend la route qui va à Erkheim au nord - 3 ou 4 km -on s'approche d'une maison, croyant avoir affaire à une grange inhabitée -on entend du bruit dedans et une lumière s'allume - on se trisse -quelqu'un vient sur la route -on coupe vers la droite - ruisseau trop large pour traverser, des canards s'envolent en criant -on revient sur la route -on se demande si on pourrait s'introduire dans un caniveau et y passer la journée - on continue en pestant -on traverse le village quand 5 h sonnent ; les gens commencent à s'agiter dans les fermes - après cela, sur la hauteur, on croit apercevoir la tache sombre d'un bois -on se dirige dessus - c'en est un en effet ! Quel soulagement ! on fait la pause -puis on cherche un endroit touffu - on finit par

trouver et on attend le petit jour après avoir pris la couverture - mais Chia avait perdu la couverture; on cherche, on revient sur nos pas - impossible- finalement on la retrouve - elle était indispensable - on se glisse sous les branches en relevant les herbes après nous - et on s'installe - à flanc de coteau - bonne journée - relativement douce - Le soir, marche pénible à travers les labours, avec village très allongé sur la gauche - on tombe sur le ruisseau, remonte pour trouver un pont, puis encore à travers champs pour rejoindre la route - enfin on y est - grande route de Memmingen - un hameau à traverser - on entend les trains passer dans la direction - on arrive à la voie près du bois, vers Ungerhausen, à un viaduc sur un ruisseau - on continue - grande forêt à droite avant Memmingen- tranchées d'exercice le long du fossé - la campagne devient blanche - neige - ciel noir mais avec la neige il fait clair - voie venant du nord ; vers le sud-ouest lueurs de Memmingen, en face village allongé nord sud d'Amendingen -dans ce village il est minuit, tout dort - on quitte la voie, s'engage à l'extrémité nord, sur le bord de la route nationale, nous faisons la pause devant une petite chapelle, dans un caveau - le vent souffle glacé - froid de canard - dès qu'on est arrêté, on grelotte - davantage de neige on se remet en route : chemin de traverse ouest vers Buxheim mais la neige le recouvre, et l'on marche à la boussole, on gratte des allumettes de temps en temps - la neige se met à tomber en tourbillons -nous nous demandons si nous pourrons tenir jusqu'au bout - Buxheim, hameau en pente -nous continuons tout droit et tombons sur l'Iller, affluent du Danube, rapide - nous remontons sur la gauche la berge jusqu'au pont du chemin de fer très élevé - passerelle en dessous que nous traversons -nous sommes en Wurttemberg - de l'autre côté nous cherchions une «planque « sur la droite -il est 2 h seulement, mais fatigués et nous ne savons pas si nous trouverons plus loin -des bois, mais des tas de bois abattus ;fraîchement -nous repartons et cherchons de l'autre côté de la voie -nous nous dirigeons sur la corne du bois - le bois est clair et bien entretenu, et nous cherchons longtemps avant de trouver en lisière une sapinière - pas merveilleuse mais nous ne fumes pas dérangés arrangeons une litière - bas de pantalon et pans de capote gelés, durs comme du bois -les souliers gèlent dans la journée, le soir en les remettant, ils sont durs comme de la pierre - les pieds sont brûlants malgré le froid, l'eau gèle dans la bouteille -un cerf bramait - nous repartons vers 10 h du soir -il est prudent de ne pas partir avant - montre perdue, on entend les heures sonner en général - une petite station Mooshausen -chemin montant à travers bois, raidillon - puis plateau, descente sur Haslach, village encaissé ; prenons eau dans le village, eau courante, abreuvoir - chemin creux pour remonter en face - de plus en plus de neige - Hauerz, gros bourg, clocher élevé, traversons sans voir âme qui vive -route sud -hameau de Baïerz -puis on remonte dans la forêt - 4 km de grande forêt - à la sortie

nous n'osons pas continuer et affronter Wurzach dans la même nuit - nous nous arrêtons dans une grande sapinière sur la gauche - très désagréable l'entrée dans la sapinière, avec la neige qui vous rentre dans le cou - et attention aux traces -on entre à reculons, on fait de fausses pistes -dans la journée voitures passant à 30 m sur la route - le soir, en marche vers 6 h -tôt - grosse étape - d'abord piétons dans notre dos, impossible avec la neige et le clair de lune de se sauver à travers champs - un cycliste vient par un chemin à droite - nous nous trouvons engagés dans les 1 ères maisons, il n' y a qu'à foncer -nous avons le dos et le sac couverts de neige, une allure de brigand, nous pédalons comme des dératés -des gens sortant des boutiques nous regardent ahuris - à la sortie, à la gare, un train vient d'arriver -un flot de monde en sort - puis sur la route, un soldat en perm, avec sa femme et un gosse, nous reluque salement, mais ne dit rien, plus loin un cocher met ses chevaux au pas à notre hauteur -enfin seuls ! - nous l'avons échappée belle - Haidgau - quittons la voie - petit village à flanc de coteau, encore des lumières -nous le passons - bois derrière -puis dans le fond Heisterkirch - encore une côte boisée, puis descente sur Waldsee -au bas de la côte pause à l'orée du bois -en train d'allumer ma pipe - tout à coup 5 à 6 civils s'arrêtent au tournant de la route - nous n'avons que le temps de nous jeter à plat ventre derrière un tronc d'arbre - encore d'autres civils ; ce devait être l'arrivée du dernier train - on attend 1/2 h puis en route -

rencontrons encore un soldat, un grand diable ; il faut y aller carrément, au culot -on gratte une allumette à son passage en faisant mine d'allumer un mégot, pour se donner contenance - on traverse la voie - on contourne la gare, puis on continue - sur la gauche un homme sur la neige se dirigeant vers nous, en nous voyant, se sauve à toutes jambes - avant Aulendorf, grand remblai impressionnant -nous contournons la ville par le large, au sud, en traversant un canal d'irrigation sur une planche - reprenons la voie à la sortie de la ville ; 2 voies, nous prenons la plus élevée, celle qui grimpe - ravin à gauche avec torrent ; nous y descendons boire et faire notre provision d'eau, puis nous nous planquons dans un petit bois ; c'est du taillis -pas fameux - on prend ce qu'on trouve -c'est un des endroits où nous avons eu le plus froid, sur la hauteur, exposé au vent -un lièvre est venu nous dire bonjour et en courant sur les feuilles glacées nous a fait bien peur - on entendait les trains passer devant nous et des gosses s'amusaient tout près - Le soir nous descendons boire au torrent, remplir notre bouteille et reprenons les rails -la voie se sépare en 2 lignes avec entre

elles la gare d'Altshausen -c'est celle de gauche que nous prenons sur la pointe des pieds car lumière à une fenêtre du chef de gare -passons sur un pont en fer au-dessus d'une route bordée de maisons et éclairée à l'électricité ; potin malgré nous sur la tôle du pont , mais il est plus de minuit -engagés dans un grand déblai à pic, impossible de filer à droite ou à gauche -nous allons arriver à Pfullendorf -nous apercevons le disque lumineux rouge de la passerelle avant la gare devant nous -tout d'un coup le disque devient vert -qu'est ce qu'il y a ? -nous entendons du bruit derrière nous -nous nous retournons : quelqu'un arrive sur la voie avec une lanterne,

croyons-nous -nous prenons le pas de course -
la lanterne semble se rapprocher rapidement ;

 nous allons être coincés, le déblai est toujours
à pic -tout à coup nous entendons le halètement
de la locomotive, c'est un train qui arrivait dans
notre dos -nous n'avons que le temps de faire un
plat ventre dans le fossé à gauche de la voie
pour ne pas être écrasés ; nous nous blottissons
par terre, il y a de la flotte mais cela ne fait rien,
pour ne pas nous faire repérer par le mécanicien
- la locomotive et la rame passent, nous sommes
sauvés - mais si nous sommes signalés à la
gare, il faut sortir en vitesse de ce déblai sans
issue - juste avant la passerelle le déblai est
moins escarpé avec quelques broussailles -nous
l'escaladons et faisons ficelle -il y a toujours de
la neige sur les branches -nous contournons la
ville bien au large par le sud, à travers des bois
et des guérets - un grand ravin boisé, puis une
côte douce avec des pommiers - puis grande
descente dans une plaine après la ville où nous
appuyons à droite et retrouvons la voie ; la
marche à travers champs est rudement fatigante
avec la neige - nous traversons la voie et prenons la grand route qui la longe à droite - nous
voyons au poteau frontière que nous entrons
dans le duché de Bade - après un pâté de maisons nous reprenons la voie, la route s'éloignant,
et tout de suite nous traversons sapinières sur
sapinières - nous filons d'une bonne allure -vers
3 h du matin nous arrivons à la bifurcation où
nous décidons de nous planquer - c'est peut-être

un peu tôt, mais où aller après ? -nous dépas-
sons la gare et les rames de wagons et nous prenons une petite route à gauche qui entre dans la
forêt -les sapins sont grands - nous ne trouvons
une sapinière qu'en bordure de la route et assez
étroite - et nos traces restent sur la neige ; enfin
il faut se décider - et qui aurait le courage de se
faire un passage à travers les branches cou-
vertes de gros paquets de neige ? -nous nous
installons comme nous pouvons, en cassant des
branches pour la litière et pour nous masquer,
car au ras du sol on pouvait nous voir - dans la
journée j'ai des coliques ; par ce froid de canard
c'est embêtant et la neige n'est pas un papier hy-
giénique idoine - dans la journée un chien est
venu nous aboyer et un civelot nous entendant
croquer après un biscuit, s'arrête et interroge
« man isst ? « (on mange ?) - il continua sa
route, nous n'étions pas trop rassurés - il fallait

se méfier car sur la neige les pas ne s'entendaient pas et l'on entendait s'approcher que les gens en bande parce qu'ils causaient - le soir en route d'assez bonne heure par la route, prenons de l'eau à une fontaine dans le village et voyons les gens attablés derrière les vitres -dans la descente avant ...verglas terrible ; nous dégringolons plusieurs fois -nous traversons le chemin de fer sous un pont et continuons notre route dans

une vallée encaissée avec un torrent rapide dans le fond -encore bien imprudents ce soir-là, je ne m'explique pas comment nous n'avons rencontré personne - usines qui travaillent, maisons nombreuses -nous avons traversé un faubourg de Stockach, suivi un boulevard à côté de la gare très éclairé - nous étions heureux d'être sortis de la ville...

Parvenus à Stockach, lui et Chia n'étaient plus très loin du but, à quelques kilomètres du lac de Constance et de l'enclave suisse de Schaffhouse où ils devaient franchir la frontière. La malchance, reconnaissons-le, aurait pu être évitée s'ils s'étaient montrés plus prudents dans ces tout derniers kilomètres : ils sont repris le 13

décembre au village d'Ehingen qu'ils ont fait l'erreur de ne pas contourner mais de traverser à 8 heures du soir, mais ils étaient si fatigués après ces 7 jours et plus de 100 kilomètres si pénibles de marche la nuit, se cachant dans la journée,ne parlant à personne, tenaillés par le froid, la soif et la faim. On peut les comprendre. Reconnus comme prisonniers évadés à leurs capotes noires sur leurs uniformes français, pris pour des du village leur ont barré la route et les ont fait arrêter. On les a interrogés, personne ne voulait croire qu'ils venaient à pied de Lechfeld, de si loin. Conduits à la prison civile d'Engen où ils sont restés 5 jours, ils ont été ramenés manu militari à Lechfeld où ils ont fait 14 jours de streng arrest.

INTERNE EN SUISSE janvier–juillet 1918

Mon père supporte de plus en plus mal la captivité. L'échec des tentatives d'évasion qu'il a faites, le durcissement des punitions de prison et de bivouac - encore en vigueur à Lechfeld lorsqu'il quitte le camp en décembre 1917, - les privations de colis, de courrier, le manque de nouvelles, tout lui devient insupportable à partir de l'été 1917 ; ajoutons à cela la situation critique sur le front auquel il sait en lui-même qu'il aurait continué à aller combattre, et puis aussi et peut-être plus encore l'éloignement de la famille, bref la nostalgie de la France, le sentiment de la liberté confisquée et impossible à retrouver.

Ne dit-il pas à sa mère en pensant constamment à la Bretagne, à Cancale ou à Monter fil près de

Rennes, « qu'il faut être prisonnier pour voir combien on est attaché à son pays « ou encore que « l'homme n'est pas fait pour vivre encagé » (Lettres des 12 septembre 1916 et 20 mai 1917).

Il y a aussi ces traitements odieux infligés aux prisonniers italiens, considérés comme félons et traîtres, nouvellement arrivés en novembre 1917 à Lechfeld, mourant de faim et criant sous les coups de crosse et de fouet que leur donnaient Allemands et Russes en même temps qu'un breuvage d'eau chaude à la farine de soleil ; mon père, comme du reste les autres Français, en sont les témoins révoltés mais impuissants, cela se passait sous leurs yeux, devant leurs baraquements. Beaucoup en sont morts.

Enfin mon père commence, malgré son jeune âge - il n'aura 20 ans que fin novembre 1917 - à ressentir fréquemment certains ennuis de santé, en particulier des accès de bronchite, séquelles d'une pleurésie qu'il avait eue à 12 ans, tout cela lié à un état névropathique consistant en une claustrophobie aggravée.De plus en plus déprimé, et pour échapper à Lechfeld, mon père cherche de lui-même à obtenir d'être interné. Le 8 novembre il décide de se faire envoyer à Landsberg pour se présenter à la commission suisse et passer la visite requise ; sans succès, le médecin l'assure qu'il le prendrait volontiers mais qu'il n'est pas assez malade)

Ce seront les efforts conjugués de ses parents qui finiront par aboutir : le 10

novembre 1917 mon grand-père adresse pour son fils une demande au colonel Hauser, haut responsable de l'internement des prisonniers de guerre en Suisse pour la région de l'Oberland Bernois ; de son côté, ma grand-mère restera sur place en Suisse, fin novembre-début décembre 1917 pour faire le siège du colonel Hauser à Berne, le voir et le convaincre, ce à quoi elle parvient avec une admirable ténacité et l'aide de tous les amis suisses, à qui elle tient à dire sa reconnaissance pour leur compréhension et leur dévouement.

Il convient de faire remarquer que l'internement est loin d'être chose facile à obtenir, en témoigne la démarche de ma grand-mère relatée ci-après. Quoi qu'il en soit, l'internement en Suisse de mon père aura été demandé à point nommé et accepté raisonnablement et sans marchandage par les autorités allemandes.

Fin décembre 1917 mon père est donc interné à Weissenburg Bad ; il est, comme le dit sa mère, « joliment content « c'est une belle région dont il fera des aquarelles, ce dont on peut aussi se rendre compte avec les cartes postales des vues du village et de sa pension.

Le 12 juillet 1918 l'aspirant Henri Oberthür du 54 °RI est rapatrié sur le dépôt du 66° RI à Tours ; il ne retournera pas au front, l'autorité militaire en ayant décidé ainsi, pourtant la guerre n'est pas finie. Après les offensives allemandes déclenchées avec succès au printemps, il faudra attendre le cours de l'été pour que les alliés amorcent un retournement décisif des opérations.

Ce ne sera que le 9 novembre 1918 à midi que retentiront les sonneries du cessez-le-feu.

Récit de ma grand-mère, rendant compte de ses démarches en Suisse en vue d'obtenir l'internement de son fils.

« Mes chers Tourangeaux [mon grand-père et le reste de la famille sont restés à Tours],

Me voilà arrivée de ce lointain voyage... bien utile et j'espère même qu'il servira à libérer Henri. Je suis partie pour Lausanne samedi (1er décembre) voir le père Zimmermann, un jésuite qui peut quelque chose auprès du prince Max de Bade, il fera ce qu'il pourra. Bon Français, du reste aumônier militaire ayant fait la guerre et disant que le sort des prisonniers est épouvantable et qu'il faut faire l'impossible pour tâcher de les sauver.

Arrêt à Fribourg (dimanche 2 décembre) et repartie à Berne (où on lui a dit de prendre rendez-vous au bureau personnel du Colonel Hauser) : j'entrais devant un grand bonhomme, aspect assez allemand. Il n'a pas l'air d'être bourru du tout... il m'a dit : « Madame, j'espère pouvoir réussir pour votre fils parce que vous arrivez dans un bon moment. Depuis le mois de juin l'internement est complètement arrêté à cause des projets de grand échange. Ce projet, la France n'a plus l'air d'en vouloir, mais quelle que soit sa décision tout vaudrait mieux que l'arrêt que nous subissons en attendant une réponse, car tout cela a été arrêté et voilà 2 mois que 1500 prisonniers français attendent à Constance pour passer. La Mission française doit arriver ces jours-ci et nous aurons certainement un accord. Même si l'on renonce à l'échange général, on recommencera pour les malades et les blessés et alors c'est un bon moment pour nos listes personnelles. Nous obtenons plus facilement. Mais Madame, je crois que la France ne se rend pas compte de ce que les prisonniers ont à supporter. C'est pour eux une question de vie ou de mort et si on ne trouve pas un moyen de les faire revenir, ils y resteront tous. Je sais que pour la guerre les prisonniers ne peuvent pas compter beaucoup, mais il y a ce pays auquel ces 300.000 hommes doivent revenir. La France l'oublie trop. L'épreuve est trop longue pour ces hommes, il n'en reviendra que des épaves si l'on ne trouve pas la solution.

Nous faisons tout ce que nous pouvons en Suisse, mais nous nous heurtons à des difficultés très grandes, à un changement de personnel français incessant. Ceux qui arrivent ne savent rien de ce qui était convenu avec leurs prédécesseurs. Votre gouvernement change trop souvent et cela arrête tout. L'Allemagne désire beaucoup ce grand échange ».

Je me suis retirée en le remerciant alors qu'il m'assurait encore de ses efforts.

Ensuite vu Madame Bohn, la Présidente de la Croix Rouge suisse, femme âgée, excellente et dévouée... J'ai dû écouter encore bien des doléances sur tous les efforts qui n'aboutissaient pas parce qu'on se heurtait du côté français à une inertie, une indifférence, à des oublis de dossiers. On ne veut pas du grand échange pour plusieurs raisons : presque tous les prisonniers de Charleroi et de Maubeuge sont de vieux territoriaux, on n'en veut pas, ce n'est pas intéressant. En 2ème lieu on ne saurait que faire de tous ces prisonniers et on a peur d'un mouvement populaire causé par leur retour, soit qu'ils soient renvoyés dans leurs foyers soit qu'ils remplacent dans les usines ou travaux de l'arrière d'autres qu'on reprendrait alors à l'assaut.

Les prisonniers, eux, ne disent rien c'est plus facile.

Cela est confirmé partout, aussi bien chez les Suisses qu'à l'ambassade de France...

Mme Bohny insiste beaucoup sur les échanges qu'on pourrait obtenir si la France voulait, mais la France ne veut jamais, probablement parce que c'est une mesure peu démocratique.

L'Allemagne est très arrangeante, pour cela elle donnerait volontiers 3, 4, 5 et même 10 Français pour un Boche. Et dire qu'on ne peut pas y arriver ! Et alors l'Allemagne se lasse de donner des Français sans réciprocité.

Il faudrait obtenir que nos camps de prisonniers en Allemagne soient visités par des délégués suisses. Il y a un an que cela ne s'est fait et c'est la porte ouverte à tous les abus. Même en admettant qu'ils ne voient qu'une petite partie, si peu qu'ils puissent faire, ce serait déjà beaucoup. Et la France n'a pourtant rien à cacher puisque les prisonniers y sont bien traités et c'est pourtant elle qui a refusé la visite des délégués. Maladresse qui coûte cher aux nôtres. »

(Mise en rapport avec la femme du Colonel, directeur de l'Infanterie qui veut bien aussi s'intéresser tout particulièrement à Henri et le réclamer comme faveur du Général Frederich.

Elle espère que cela ira aussi mais déplore de ne pouvoir obtenir de temps en temps un Allemand, de façon à pouvoir obtenir plus de Français. Personnellement elle a fait revenir jusqu'ici 50 Français).

« De l'avis général nos prisonniers sont bien touchés au point de vue nerveux... et c'est long, long à revenir. Il leur faudrait tout de suite l'atmosphère familiale, ce qui est le sort de peu d'entre eux. Aussitôt en Suisse, s'ils ont de la famille, on leur permet d'habiter avec leur famille. Pour la rentrée en France c'est la bouteille à l'encre et même les Suisses ne savent pas si ce sont les malades ou les bien-portants qui rentrent en France.

Les conditions économiques deviennent très difficiles pour la Suisse et il est à craindre qu'ils ne puissent recevoir autant d'internés qu'ils le voudraient, ne pouvant les nourrir. Probablement que le gouvernement (français) sera aussi maladroit en cela qu'en autre chose. Il devrait faire le nécessaire pour que cela ne puisse limiter l'internement en Suisse, mais il y a aussi bien entendu des précautions à prendre...

Cette moule de Manneville (de l'ambassade de France à Berne) que je n'ai été voir que sur les conseils de Chaumeix et Delacroix (des amis suisses) qui m'ont dit « allez y tout de même, comme Française c'est plus différent », m'a dit : « Je sais Madame que votre fils est dans un camp de représailles pour sous-officiers ayant refusé de travailler, c'est très regrettable et il paraît bien désirable de l'en faire sortir, mais il n'y a rien à faire ! Je lui ai dit que depuis 20 jours on ne pouvait plus envoyer de colis de France à nos prisonniers. Il m'a répondu très tranquillement « que cela l'étonnait, que théoriquement les colis devaient passer, mais que pratiquement il avait entendu dire qu'on les refusait dans les bureaux des gares «.

Il faudrait qu'on soit obligé de compter avec l'opinion... Il existe un commencement d'association appuyé par Pascal, le député... qu'est-ce que cela vaut ? Le Colonel Hauser m'avait dit qu'il comptait beaucoup sur l'interpellation que Pascal devait faire à la Chambre samedi (1er décembre) mais j'ai vu hier que cette interpellation est renvoyée à un mois parce que, la mission française étant en pourparlers à Berne, on va attendre le résultat. Donc M. de Panafieu et M. Cahen sont arrivés jeudi à Berne.

On les avait déjà attendus tant de fois qu'on désespérait, mais enfin ils sont là. M. de Panafieu est très aimé et du reste il est unanimement reconnu qu'il fait bien ce qu'il peut, mais il peut si peu de chose ! Le Général Frederich est arrivé aussi mais la France refuse de causer directement à l'Allemagne, alors l'entrevue se passera dans 3 chambres, la Suisse au milieu avec le Colonel Hauser, son secrétaire, le major Favre, Mr. Ador et diverses autres personnes, et dans la chambre à droite les représentants de la France, dans l'autre ceux de l'Allemagne. Qu'en résultera-t-il ?...

(Ma grand-mère ne peut rien en dire, forcée de repartir à Paris sans savoir le résultat de la commission).

J'ai causé à beaucoup d'internés un peu partout... le ressort moral bien brisé. Ils ne veulent plus penser à ce qu'ils ont souffert, ils ont trop besoin d'oublier. Voilà le sentiment général et une grande lassitude. A quoi bon ! » .

Ma grand-mère termine le compte-rendu de ses démarches par l'évocation d'un fait bien révélateur de l'incurie et de la mésentente franco-allemande dont les prisonniers étaient les victimes lorsque la Suisse ne prenait pas d'elle-même d'initiative généreuse et responsable, en l'occurrence lors de l'arrivée de l'un des derniers trains sanitaires à Lyon en pleine nuit :

« M. Gambini, qui conduisait ce train, téléphone au Général français Hebner : « Général je dois remettre entre vos mains un convoi sanitaire, nous arrivons, que dois-je faire ? « Ahurissement du Général : « mais la frontière est fermée.

Je ne peux envoyer de train d'Allemands, par conséquent je ne dois pas recevoir le convoi français. Je crois que vous devez le ramener ! « Heureusement M. Gambini, très francophile, exaspéré d'une bêtise et d'un pessimisme pareils, répond : « Général, je ne reçois d'ordres que de mon chef, le Colonel Hauser. J'ai ordre d'amener ces hommes ici. C'est fait, ils sont libres ».

« Il a obligé la France à reprendre son bien » remarque de bon sens de ma grand-mère en femme et mère directement concernée.

Dans ses notes établies peu après avoir quitté le camp de Lechfeld en décembre 1917, mon père a réfléchi également aux mêmes questions ; c'est au système des représailles qu'il s'en prend, à juste titre et en connaissance de cause : système mauvais, explique-t-il, en ce sens qu'avec un nombre supérieur de prisonniers, les Allemands font des contre-représailles et obtiennent toujours gain de cause. Mon père abondait ainsi dans le sens de l'échange général que la France pourtant ne souhaitait pas.

APRES LA GUERRE

Pour mon père, sa famille, ses amis et ses proches, bien que la guerre ne soit pas finie, le rapatriement en juillet 1918 ne pouvait avoir lieu que dans la joie, la joie du pays et de la liberté retrouvée. Mon père n'y était certainement pas indifférent, mais d'autres sentiments, d'autres préoccupations en son for intérieur le maintenaient quelque peu à l'écart de la liesse générale.

Mon père ne pouvait s'empêcher de penser aux autres Français, encore prisonniers à Lechfeld ou ailleurs, comme à ceux qui étaient internés et pouvaient se sentir abandonnés, oubliés ; que tous ces Français soient atteints dans leur moral et ne puissent connaître, fût-ce une parcelle du bonheur que la famille peut procurer, mon père, lui, pouvait parfaitement le comprendre, et à 20 ans on est pas égoïste, on sait que les autres existent, surtout ceux avec lesquels on a partagé ce que l'on a enduré.

Que tous les Français rendus à la liberté, les combats terminés ou en voie de l'être, ne soient pas à leur retour accueillis en vainqueurs, fêtés en héros, ne doit pas étonner ; beaucoup n'en demandent pas tant, mais s'attendent à ce qu'on leur témoigne un peu de chaleur, autre chose au moins que de l'indifférence. Peut-être aussi voulaient-ils croire parisiens et provinciaux qui, voyant venir ces rescapés qu'ils étaient, les persuadaient qu'ils avaient connu la der-des-der.

Les mentalités en quatre années ont évolué. De l'enthousiasme en 14, alors qu'on pensait que la guerre n'allait pas durer, on est passé en 18-19 à la lassitude, la guerre n'ayant que trop duré. Indifférence, voir même refus de la part de certains civils de prendre conscience, de reconnaître ce qu'avaient été tous ces combats acharnés à Verdun et sur les autres fronts ; donc ne plus en parler, c'était la meilleure chose. »

Cet état d'esprit n'est pas propre à la France, on le retrouve tout autant en Allemagne. En témoigne le récit du jeune tambour de première classe, Preis, revenant de Verdun et arrivant au matin à Francfort :

Preis se faufile rapidement le long des quais parmi la foule ; il monte dans un tramway. Un monsieur qui venait d'allumer son cigare, lui demande : « alors, jeune homme, d'où venez-vous ? N'irez-vous pas un jour au front ? » « J'en reviens « Méfiant le monsieur regardait la poitrine du tambour, vide de décorations. Preis le remarqua. « Où est donc votre tranchée de vacances ? Ça doit être idyllique, maintenant que c'est le printemps ! Connais ça ! J'y ai aussi été voir. Paraît que c'est épatant chez vous ! Et propre et bien arrangé ! Voulez-vous un cigare ? » Il remarqua que le tambour palissait et le remit dans sa poche. « Ne voulez-vous pas nous dire tout bas d'où vous venez ? » demanda un autre monsieur en repliant son journal.

« De Verdun » Tous deux rirent. « Na ! Et pourquoi donc n'avancez-vous plus ? » « Bon sang, messieurs, il y a un tas de mitrailleuses ! » « Ah, vraiment ? Et qui ne partent pas ? Ce qu'on doit s'embêter ! » Preis devint livide et ferma les yeux.

Quelle détresse ! Ce qu'il racontait de Verdun, on en riait en l'écoutant. Hum, disait-on, ne nous parlez plus de la guerre ».

Cette anecdote est rapportée à la fin du récit de Fritz von Unruh.

Dans le fond quand un soldat revient de guerre, il a de la chance, et puis voilà. C'est la chanson qui le dit, c'est aussi ce que se dit ou ressent avant tout le poilu, pas plus.

Sur le plan politique la paix de Versailles n'aura pas été faite pour asseoir définitivement le bonheur et la tranquillité des peuples. On en est vite venu à parler du « deuil de la victoire », à se demander si la France en liesse fêtait véritablement une victoire.

Mon père, au moins dans l'immédiat après-guerre, avait coupé avec ce qu'il venait de vivre ; revenu à la vie civile, sa préoccupation était avant toute chose de rattraper le temps passé et de se mettre au plus vite à ses études de médecine auxquelles il avait dû renoncer en 1915 en s'engageant pour la durée de la guerre.

Mon père ne s'est donc pas prêté aux commémorations officielles de la guerre, celle de 1926 d'abord, bien qu'elle se soit déroulée en présence des grands chefs de guerre encore vivants, le Maréchal Pétain en particulier qui l'avait cité à l'ordre du régiment le 2 août 1919, et encore moins la commémoration de 1936 qui a pali du contexte politique d'alors.

L'entre-deux guerre n'aura été qu'à deux reprises seulement l'occasion pour mon père de revivre son passé de combattant de 14 - 18.

Ce fut d'abord en 1928 à l'occasion de la remise qui lui a été faite de la Médaille des Evadés, à laquelle, on le comprend, il tenait beaucoup. Son ami de captivité, l'adjudant-chef Leca, lui a alors renouvelé toute son amitié et son aide : « Certainement, mon vieux Oberthür, tu auras la Médaille des Evadés, et mon témoignage de vrai poilu attestera...Enfin me voilà encore plein d'entrain et de courage pour l'avenir au cas où le Boche bougerait à nouveau. Au revoir mon cher poilu ». (Lettre du 20 février 1928)

Ce fut également lors de sa nomination au grade de chevalier de la légion d'honneur à titre militaire en 1936.

Difficile quand on a combattu pendant la Grande Guerre d'avoir la tête haute en 1939, de ne pas se dire qu'on ne se sentait pas à la hauteur de l'épreuve qu'on avait traversée vingt ans au par avant. L'enthousiasme n'y était plus.

La « drôle de guerre » de l'hiver 39-40 était bien vite passée lorsqu'au printemps, le 10 mai 1940, l'Allemagne déclencha son offensive sur la Hollande, la Belgique et le Nord de la France. Mon père a été fait prisonnier dans la Somme, le 21 mai 1940 - il était au Crotoy, chef de l'équipe chirurgicale à l'hôpital d'évacuation primaire - soit juste 11 jours après le démarrage de la ruée fulgurante des blindés allemands - les Panzer-division en qui avaient effectivement établi leurs têtes de pont dès le 20 mai à Amiens, Abbeville Péronne et atteint la côte le soir même à Montreuil sur mer

La quasi-totalité du territoire français était ainsi passée sous contrôle allemand un mois après, le 21 juin, lorsque la convention d'armistice était signée.[16]

Mon père ne devait pas rester longtemps prisonnier, il revient à Paris, rendu à la vie civile, dès octobre 40 ; ce fut rapide mais à ces moments-

---

[16] Benoist-Méchin, *Soixante Jours qui ébranlèrent l'Occident*.

là trop s'embarrasser de prisonniers n'était encore ni très utile ni très urgent pour le Reich, surtout de sous-officiers et d'officiers – mon père avait le grade de capitaine à la déclaration de guerre en 1939 – qui pouvaient selon la convention de Genève refuser le travail, alors que dans les camps il fallait faire travailler pour la production les simples soldats.

Il ne sera plus jamais question pour lui de 14-18, ni en famille ni avec d'autres, mais il m'a semblé difficile d'arrêter là le cours de sa mémoire sans évoquer le souvenir d'une journée particulièrement heureuse pour lui, celle d'une chasse aux papillons, sa grande passion, en août 1944, à la barbe de l'occupant en déroute.

Pourquoi ce souvenir entomologique ici, apparemment sans lien avec sa vie de combattant ?

Mon père a chassé et collectionné les papillons toute sa vie ; dès son plus jeune âge il accompagnait son grand-père et hérita de lui cette passion familiale.

Alors qu'il vient d'être fait prisonnier en août 1916, il parle à sa mère d'un petit papillon noir et vif, Armoricanus, fréquent l'été sur les dunes de la Guimorais près de Cancale en Bretagne « Il doit voler en ce moment là-bas, il se moque pas mal de la guerre ou peut-être s'en aperçoit-il parce que personne ne vient plus lui faire la chasse ».

Cette belle petite lycène continuera de voler, sous d'autres cieux, se moquant toujours de la guerre, mon père la retrouvera en 1944 à Fontainebleau, lors de cette « journée mémorable » dont voici l'étonnant récit que nous devons à Hervé de Toulgoët, très cher ami de mon père, son grand compagnon de chasse et lui aussi fervent et distingué entomologiste.

« Une Journée Mémorable »

« Ce fut le 14 août 1944. Donc, quelques jours seulement avant l'entrée dans Paris des troupes alliées. A l'époque, quelques bons amis lépidoptéristes et moi, nous efforcions d'utiliser systématiquement nos fins de semaine, ou autres jours de liberté, à des entreprises entomologiques aux environs de Paris. Les seuls moyens de transport étaient alors le train et la bicyclette.

« A quelque chose malheur est bon !... dit le proverbe, et de fait, on ne rencontrait pratiquement personne dans ces déplacements. La nature était belle, intacte, et les saisons de ces années 1942-1950 ont laissé en moyenne des souvenirs entomologiques très satisfaisants.

Toujours est-il que ce fameux 14 août régnait une activité militaire assez exceptionnelle, notamment dans le domaine aérien. D'importants mouvements des troupes d'occupation avaient lieu vers l'est, et la veille -si mes souvenirs sont exacts- nous fûmes avisés que seule la gare de Lyon serait ouverte au public, les 5 autres grandes gares devant rester fermées.

Or il s'agissait par ailleurs d'une date parfaite pour nous rendre compte si le fond du champ de tir de Fontainebleau hébergeait toujours -entre autres choses- la lycène *idas armoricana Oberthür.* Ce fut également l'avis de mes bons amis : le Dr Henri Oberthür, son beau-frère Georges Carlioz et Gérard Nobel...

Aussi gagnâmes-nous tous les quatre, au jour dit, la gare de Lyon sur nos vélos que nous déposâmes à la consigne avant de prendre l'unique train quittant Paris ce jour-là, avec Fontainebleau pour terminus (et qui, fort heureusement, devait nous ramener le soir !!...) Il n'y avait presque personne ...et nous ne pouvions nous

empêcher de regarder ce qui se passait dans le ciel !!...

Arrivés à Melun, le train roulait au ralenti, et à moins de 100 m de la voie, la queue d'un avion de chasse Messerschmitt tout fumant, sortait d'un petit pavillon, sur lequel visiblement il venait de s'écraser ! Dieu veuille que les habitants du pavillon aient été absents !...

A Fontainebleau nous gagnâmes rapidement le carrefour de l'Obélisque pour prendre à droite la route de Malesherbes, laquelle coupe le chant de tir. La circulation militaire était assez intense entre le carrefour et le champ de tir -espace alors boisé- deux escouades de fusils mitrailleurs étaient « enterrées « en position de tir de chaque côté de la route et défendaient, en direction de Malesherbes, l'accès du carrefour.

Lycène Ida Armoricana Oberthür

nous jetâmes un coup d'œil en coulisse, nous sentant un peu gênés, et nous attendant à être interpellés... Mais il n'en fut rien. Nous tournâmes à droite 100 m plus loin, dans le champ de tir vers les buttes, là où nous comptions trouver nos bestioles. Il faisait une de ces belles journées d'été, sans grands nuages, et la densité des papillons était vraiment très élevée...mais l'activité de l'aviation de chasse était continuelle et l'on entendait régulièrement les rafales des mitrailleuses -oh ! combien rapides- de combats aériens. La forêt devait flamber certainement un peu, car là où nous étions, on voyait dans deux directions s'élever au loin des colonnes de fumée...

Quoi qu'il en soit, ceux que nous étions venus chercher étaient au rendez-vous, qui plus est en parfaite condition. D'autres spécialités du lieu comme les satyres hermione et statilinus, ainsi que l'arethusa, étaient également présents. De très belles femelles syngrapha de la lycène corindon étaient nombreuses ainsi que d'autres espèces de la saison. Mais la capture la meilleure - inattendue - fut certainement l'hespérie cirsii Rambur, que nous n'avions jamais rencontrée encore aux environs de Paris, et dont je contemplais, surpris, un beau spécimen dans mon filet... A ce moment précis, un crépitement suraigu de mitrailleuses d'avion éclata à quelques cinquante mètres au-dessus de nous, à la lisière de la forêt où nous nous trouvions, et nous eûmes

Un sous-officier s'exerçait au revolver sur de vieilles boites de conserve placées sur une souche à quelques mètres de là.

Je dois avouer que lorsque nous les dépassâmes avec nos filets à papillons déployés, nous à peine la vision fugitive d'une silhouette d'avion de chasse en poursuivant probablement un autre au ras des arbres dans un fracas assourdissant !!!

« Il faudrait tout de même qu'il y en ait un de nous qui surveille les taxis !!!... phrase rituelle -et indignée- prononcée alors sans rire par Nobel, lequel venait de capturer lui aussi, à sa grande surprise, un autre cirse !... Personne bien entendu ne se soucia pour autant des « taxis » ! Il faut dire que 8 jours plus tôt -le 7 août exactement- Nobel et Oberthür, prospectant le plateau de St. Mamès, près de Moret, s'étaient brusquement trouvés dans la trajectoire d'un chasseur américain « Lightning « descendu en rase-mottes mitrailler leur train resté sur une voie de garage, à quelques centaines de mètres de là. Mes amis avaient donc exécuté un superbe plat ventre avec un ensemble parfait et sont rentrés le soir dans un train jonché d'éclats de verre !

Pour en revenir aux cirsii, Nobel et moi eûmes la chance, dans la journée d'en reprendre chacun trois exemplaires mâles. Ils sont tous aujourd'hui dans ma collection avec, du reste, tous les Hespérides de la collection de Gérard Nobel, ami charmant, compagnon parfait et lépidoptériste très habile.

Vers midi, nous étions revenus au début de l'agglomération dans un petit restaurant qui nous avait assuré le matin pouvoir nous servir quelque chose pour compléter nos bien maigres provisions. L'endroit était bourré de militaires, plus occupés à regarder leurs cartes et à se rafraîchir qu'à nous prêter attention. Pour notre part nous nous sentions très détendus, voire même passablement gais !...

Après déjeuner nous sommes retournés au champ de tir. Les fusils mitrailleurs et leurs servants étaient toujours en place, attendant l'assaillant. Le gradé avait disparu.

Notre après-midi fut euphorique. C'est alors que nous complétâmes les deux cirsii du matin et fîmes quelques bonnes captures, y compris, bien sûr, la lycène idas armoricana au pied des buttes où elle était abondante.

Nous étions assez éloignés de la gare de Fontainebleau, et nous n'étions pas très sûrs de pouvoir revenir à Paris. Aussi nous arrachâmes-nous à ce merveilleux endroit pour arriver à la gare une heure après. Nous n'avions plus éprouvé d'alertes nécessitant « la surveillance des taxis « sauf peut-être une ?? Je ne m'en souviens plus.

Ce dont je me souviens par contre, c'est d'avoir, ainsi que mes amis, récupéré nos vélos après 21 h

A la gare de Lyon et d'être revenus rive droite par les quais, mis soudain à sens unique par les occupants dont les véhicules roulaient sur quatre rangs en sens inverse du nôtre, tous feux éteints (comme nous du reste !...). Je n'ai jamais entendu autant de jrons et d'imprécations germaniques pour nous éviter dans une demi-obscurité ! Comment sommes-nous arrivés intacts place de la Concorde ?? Je l'ignore !...

Toujours est-il que nous avons tous les quatre dormi dans notre lit.

Ce fut vraiment une journée mémo rable!...A tous points de vue !!! »

De notre cher Hervé de Toulgoët.

Cette « journée mémorable » apporte une heureuse conclusion à l'agréable souvenir que mon père avait exprimé en 1916 en écrivant à sa mère depuis l'Allemagne où il était prisonnier.

POSTFACE

Du front ou de captivité, mon père a beaucoup écrit à ses parents, surtout à sa mère, on le comprend, si jeune alors. Il trouvait le temps d'écrire des tranchées de Champagne et encore une dernière fois, ce sont ses derniers mots à son père, de Verdun le 19juin, la veille du jour où il montait en ligne et prenait véritablement conscience de l'enfer où il allait être précipité : « Au revoir, j'espère bien, mon vieux Papa… » Cette dernière lettre est émouvante car elle laisse transparaître une certaine angoisse mêlée de tristesse à la pensée d'être alors si loin des siens, si privé, peut-être pour toujours, de la douceur de leur vie [17].

Le silence de mon père : il ne nous a rien dit de sa guerre, mais peut-on parler de silence, pas vraiment car ses lettres, ses notes comme ses croquis et ses dessins parlent bien pour lui : je me suis efforcé de les laisser parler, c'est là qu'il fait entendre sa voix, dévoile des traits de caractère que nous ne lui connaissions pas, exprime ce qu'il pense, ce qu'il ressent. En gardant le silence, mon père a considéré tout simplement avoir tourné une page de sa vie et trouvé inutile de revenir sur son engagement passé, trop pris par le cours de l'existence qui a été la sienne depuis.

Nous lui devons beaucoup à cet égard, nous ses enfants, mais malheureusement rares sont celles ou ceux de notre génération, et plus encore de celle qui suivra, qui peuvent avoir des raisons d'être touchés par les souvenirs évoqués aujourd'hui. Nos enfants nous montrent pourtant qu'ils sont loin d'être indifférents en découvrant leur grand-père, engagé dans la Grande Guerre.

[17] Du 22 mars au 18 juin 1916 ce sont 51 lettres envoyées à ses parents, du 26 juin au 23 août 14 lettres – depuis l'hôpital militaire de Munich où il est soigné –, du 24 août au 5 septembre 6 lettres – depuis Puckheim, son premier camp de prisonnier –, du 6 septembre 1916 à juin 1917 une vingtaine de lettres seulement depuis le camp de représailles de Lechfeld mais pendant cette sordide période, mon père aura fait 40 jours de prison lors desquels il n'était pas question évidemment d'écrire, et à partir de juin 1917 écrire comme recevoir du courrier était censuré ou plus simplement ni envoyé ni distribué.

J'aurais beaucoup souhaité pouvoir retrouver des descendants d'au moins deux des si bons camarades de mon père, Victor Herbillon et Ignace Chiarasini. Mes recherches sont restées vaines : de l'un ne reste qu'un nom gravé sur le monument aux morts d'Hermonville dans la Meuse, près du secteur de Suippes en Champagne où le 54° RI s'était battu avant Verdun, de l'autre qui n'a pas été tué, grand compagnon de captivité de mon père à Lechfeld, aucune nouvelle, aucune réponse ne m'est parvenue de Corse, de la région d'Ajaccio dont il venait.

Seules les armes, seul le feu ont donc décidé de la survie de mon père. La relation qu'il donne de l'assaut ennemi de juin 1916 laisserait penser – complexe du survivant peut-être – qu'il se serait senti comme privilégié, comme bénéficiaire d'une chance que d'autres n'ont pas eue et que ce soit pour lui une raison de garder le silence sur ce qu'il a vécu.

Que dit mon père en effet lorsque le sous-lieutenant Herbillon est tué net à ses côtés dans le même trou d'obus qu'ils occupaient ? « J'ai été préservé par lui ». Pourquoi cette balle pour lui et pas pour moi, pense-t-il certainement.[18]

Il ne devrait pourtant pas se faire pareil reproche, car en se portant volontaire comme fantassin, il acceptait plus que tout autre le risque d'être tué, or la mort ne fixe pas de rendez-vous, il l'a frôlée à maintes reprises comme d'autres sans chercher à l'éviter. Pour un combattant, surtout en plein assaut, il n'y a pas d'instant plus décisif qu'un autre. Ce qui est vrai, c'est que le combattant n'est pas le même en plein assaut, sous les tirs de toute part, et lorsqu'il veille dans la tranchée, observe l'ennemi qui est en face souvent tout près. Mon père, en 1 ère ligne en Champagne, dit bien dans sa lettre du 3 avril « Je vais faire un carton sur un créneau », comme il raconte dans une autre lettre du 31 mai « Hier Herbillon en a descendu un qui a gueulé comme un âne ».

Et c'était comme ça sur bien d'autres fronts ; offensive d'automne 1915 en Artois, le lieutenant Desaubliaux raconte : « l'obscurité étreint...la

---

[18] Difficile, de ne pas penser à la célèbre complainte de Ludwig Uhland « der gute Kamerad / le bon camarade » : l'un des deux soldats, appelés au combat par le tambour et marchant alors à ses côtés au même pas, va être soudain tué par une balle : est-elle pour moi ou pour lui ? s'écrie son compagnon, mais le bon camarade est déjà mort, étendu à ses pieds. « Je ne peux pas te donner la main, Tu resteras dans la vie éternelle, Mon bon Camarade ! » . (la complainte date de 1809, inspirée des batailles de la 5ème coalition, victoire de Wagram, probablement).

plaine est obscure, la tranchée plus sombre encore et les guetteurs collés contre les parois sont comme des fantômes noirs…ils restent immobiles, le fusil à portée de la main. Soudain, un coup de feu, puis un cri déchirant…Dernier rugissement sauvage, inarticulé, toujours pareil et toujours tragique de la bête humaine blessée à mort. La mort a passé. Je me dirige vers l'endroit où j'ai cru entendre le coup de feu. Auprès d'un créneau, un homme recharge son fusil ; en me voyant, il grimace de satisfaction et m'annonce : Mon lieutenant, je viens de descendre un Boche »[19]

Peut-on vraiment dire qu'en de tels moments on puisse avoir le sentiment de se comporter en héros ? Je ne pense pas que mon père aurait apprécié que l'on s'empare de pareils souvenirs pour faire de lui un héros ; on tire, on tue, on se fait tuer, la guerre est cruelle, elle est inconsciente de ses meurtres, a-t-on pu dire, ce qui n'empêche pas de la faire.

Mon père a-t-il redouté la mort ? Je ne le pense pas vraiment. Qu'il y ait pensé, lorsqu'il était en Champagne, à Suippes, et plus encore à Verdun avant d'y arriver et dans le bref moment qui a précédé sa montée en ligne, c'est certain. Mais a-t-on aussi le temps d'avoir peur et de penser à la mort dans le feu de l'action ? Le récit qu'a laissé mon père de l'attaque du 21 juin montre bien l'inanité de cette question : sous les tirs incessants s'occuper des camarades qui mouraient, s'occuper soi-même de tenir à la mitrailleuse encore quelques instants avant d'être dépassés sur chacun de ses côtés par les combattants ennemis en marche, il n'y avait pas d'autre chose à faire, encore moins à penser, le feu n'autorise aucun répit.

Robert Desaubliaux est le 7 avril 1916 devant Douaumont ; il témoigne : « les éclats sifflent, la mort fauche…cette fois il est impossible que je lui échappe, le dernier obus ne m'a pas atteint, mais le prochain m'écrasera ; et pourtant je sens que je n'ai pas peur... ».[20]

Il est certain que mon père trouvait en sa mère surtout un profond réconfort moral, une source de tendresse et de sérénité dans les pires moments ; c'est à sa mère qu'il écrivait de préférence et l'on sait toute l'affection qu'un fils, si jeune, peut avoir pour sa mère. En cela mon père n'était pas une exception, car l'amour d'une mère pour son fils est consubstantiel à la vie que menace la mort, présente à tous les instants au front.

---

[19] R. Desaubliaux, *La Ruée – Etapes d'un Combattant* , p.145

[20] R. Desaubliaux, *La Ruée – Etapes d'un Combattant* , p.282

R. Desaubliaux s'adresse et se confie à maintes reprises aussi à sa mère ; lorsqu'il décide en 1915 de ne plus être cavalier mais fantassin, cette décision l'honore grandement car il entend par là accepter tous les risques, toutes les épreuves que réservait de combattre dans l'infanterie, et c'est à sa mère qu'il s'en ouvre : « Ma chère Maman, …Tu ne t'attristeras pas, Maman, en apprenant que je suis devenu fantassin. Tu ne diras pas que je fais une folie. Je connais les dangers auxquels je m'expose mieux que toi-même, mais j'espère avoir assez de courage. Et si, un jour, Dieu réclame encore plus de moi, tu ne pleureras pas… »[21]

 F. von Unruh, de même, garde sa mère dans son cœur, c'est à sa mère qu'il dédie Verdun (Opfergang).

Je n'ai pas voulu dans cette présentation de la guerre de mon père insister sur l'horreur des tranchées, la boue, le sang ; je n'ai pas non plus voulu sublimer la bravoure, l'héroïsme, le sacrifice, du reste mon père n'invite pas à cela dans ses lettres et ses notes. Je n'ai pas davantage cherché à évoquer cette autre guerre, si l'on peut dire, que les poilus au front avaient à mener contre les rats et les poux, ces affreux totos, cela ne m'a pas semblé le sujet, mon père en parle peu sans en faire un plat de résistance...

Et si mon père a gardé le silence sur tout cela, ce n'est pas, du moins je le pense, parce le souvenir de ce vécu, de cet enfer auquel il a échappé, serait resté trop douloureux pour lui; de sa part ni dégoût, ni horreur ou épouvante dans la relation qu'il a faite de ces années de guerre à travers les lettres qu'il écrivait, cela appartenait à un passé qu'il a refoulé dès que, immédiatement, la guerre terminée, ses études de médecine et sa vie de chirurgien, sa vie familiale, ses multiples occupations l'ont accaparé mais aussi comblé en lui apportant beaucoup de satisfaction.

La correspondance de mon père, ses notes montrent combien son état d'esprit a changé en moins de 3 ans, confronté très jeune à ce à quoi il ne pouvait d'abord s'attendre. C'est un tempérament surtout enthousiaste plus que réfléchi qui est le sien au moment où il s'engage, que ce soit quant au choix de l'arme dans laquelle il décide d'être incorporé ou la durée de son engagement, ce qui, nous avons pu le comprendre, ne peut surprendre étant donné son âge et son milieu familial.

---

[21] R. Desaubliaux, *La Ruée-Etapes d'un Combattant*, p.118-119

A cet enthousiasme succède très vite de l'impatience dans l'attente du front, mais déjà des marques très sensées de réflexion quant aux besoins d'encadrement des sections destinées à combattre, la sienne bien sur dont il aura la charge.

La prise de conscience de ses responsabilités est évidente dès qu'il est au front en Champagne, allant de pair avec une pleine maturité d'esprit dans ses rapports avec ses poilus, le fait de prendre la mesure de ce que représente la guerre, le contact avec l'ennemi, les bombardements, les alertes aux gaz...

A Vaux devant Verdun, la résistance qu'il oppose à l'offensive allemande témoigne des plus grandes qualités que l'on puisse attendre d'un bon combattant, ce qui lui vaut ses deux citations à l'ordre du régiment et de la brigade : courage, fermeté et sang- froid aux pires moments de l'assaut, générosité dans les secours apportés à ceux qui sont à côté de lui et qui seront tués ou blessés, alors qu'il se retrouve lui-même blessé presque seul face à l'ennemi.

Prisonnier dans ce camp de représailles de Lechfeld, mon père fera très vite preuve de sa capacité à organiser ses évasions et celles des camarades, sachant mettre à profit la connaissance de la langue allemande qu'il avait su garder de ses études ; il y a aussi le parler et l'accent qu'il reproche gentiment à Chia, son bon compagnon corse, lorsque ce dernier, au cours de leur évasion, prend sur lui de saluer des promeneurs, ce qui n'aurait pas manqué de les trahir !

Je n'aurais pas pensé qu'en m'attelant à ce devoir de mémoire, je découvrirai chez mon père des traits de caractère, encore une fois étonnants chez le jeune homme qu'il était dans les circonstances qu'il a vécues, mais qu'il a gardés toute sa vie : son regard souriant, une grande simplicité, un certain pessimisme peut-être, mais contenu, difficile à déceler car toujours dominé par la bonne humeur ; pour ceux qui le côtoyaient, mon père était plein de gaieté :« un gosse qui riait toujours » confie le caporal Péchon, pourtant tout aussi jeune que lui, à ma grand-mère lorsque celle-ci, sachant le retrouver parmi les rescapés du 54° RI, est allée le voir à l'hôpital Chaptal le 4 juillet 1916. A cette date mes grands-parents n'avaient toujours pas de nouvelles de leur fils, ils ont seulement appris par Péchon, le petit caporal de la section de mon père, que le 21 juin dans l'après-midi, il se trouvait encore avec mon père et le sous-lieutenant Herbillon, que ce dernier allait être tué mais que mon père, lui, n'avait rien. Pas d'autre certitude. Après Péchon ne se souvient plus de rien. Mon père confirme en gros les dires de Péchon, qu'il dit avoir vu arriver comme une trombe, blessé et voulant s'en aller, ce qu'il a fait.

Son caractère n'a pas changé à Lechfeld, au sein de cette sympathique « bande des Corses », dont mon père fait immédiatement partie et qui certainement l'a aidé à supporter cette si mauvaise vie de prisonnier.

Mais aussi un caractère entier dans certaines de ses réactions, en particulier lorsqu'il fustige les embusqués de l'arrière : « c'est épatant, plus on s'éloigne des balles et des obus, plus on est patriote ; au théâtre ou en dégustant un bock sur les boulevards, chacun de s'écrier : « vive la France, vivent les alliés, on les aura « et à part soi ils pensent : quelles poires que ces poilus qui vont se faire trouer la peau là-bas ». (lettre du 3 mai 1916 à sa mère)

Il est vrai qu'en arrière du front, nul n'est autant guerrier que celui qui ne combat pas.

Parfois quelque peu frondeur ou moqueur, ce qui d'ailleurs ne lui valait pas toujours du bien de la part de ses gardiens, gradés ou non, au camp à Lechfeld ; les dessins et croquis de son calepin « En Bochie » sont à cet égard très révélateurs de son aptitude et de son plaisir à dépeindre l'Allemand dans les travers dont nous autres, Français, aimons rire ; souvent quelques mots suffisent à l'appui du dessin, « braillard et cravache » pour cette vieille culotte de peau « Coco Bel Œil »

Humour prémonitoire ou prémonition humoristique lorsque mon père dans ses lettres parle des travaux de ses poilus ou de l'avenir des sites de guerre champenois, les deux se rejoignent.

Ainsi lorsque mon père évoque avec admiration la construction d'une tranchée « pépère », selon son expression, ajoutant « une de ces tranchées que l'on fait pour montrer aux civils après la guerre », non sans faire preuve d'un optimisme que la situation, le 12 avril 1916, date à laquelle il écrit à sa mère, ne justifie malheureusement pas. Ironie ou paradoxe, mais mon père ne pouvait en avoir connaissance, ce sont plutôt les constructions des lignes de défense allemandes, mieux aménagées que les nôtres, qui peuvent drainer le « tourisme de mémoire » d'aujourd'hui.

Même réflexion de mon père dans une lettre du 14 avril : « cette nuit mes poilus ont travaillé à faire un abri « maousse », à 6 mètres de profondeur, 2 m de large et 20 de long. C'est un travail ! Faire d'abord une sape russe, puis extraire la terre avec des sacs, puis après avec un chariot et un treuil. C'est épatant, mais on en compte pas beaucoup comme celui-là... ».

Et le 6 mai, toujours sur le font de cette Champagne qu'il n'aime pas, mon père amorce cette réflexion qui sera d'actualité : « ici la végétation manque totalement, pas une fleur, quelques touffes d'herbe entre les trous d'obus, sur des tombes. Je crois que les propriétaires des champs par ici auront avantage, au lieu de labourer cette marne et d'essayer de faire du seigle, à laisser le terrain tel qu'il est et à faire payer les visiteurs ! « le tourisme de mémoire ».

Mon père blâme sévèrement, fustige et n'a que mépris pour ce lieutenant Potel qui commandait la Compagnie et n'hésitait pas avec certitude dans la bêtise à prendre des décisions qu'il savait mettre inutilement en danger la vie des poilus mais sans en avoir cure ; il en fait état dans sa correspondance à plusieurs reprises, mais c'est lors de l'attaque du 21 juin que cet officier a fait preuve d'une initiative proprement stupide et meurtrière pour les hommes qui étaient là face aux lignes allemandes avant que l'ennemi attaque ; mon père l'explique très bien dans le récit qu'il en a fait : « c'était la préparation de l'attaque boche...le jour était venu, temps superbe. Dans le ravin on voyait une quantité de Boches qui descendaient de la colline d'en face. C'était au moins à 2 km. Le Lt Potel a fait tirer la dessus au fusil, il a exigé qu'on tire sans même apprécier la distance et a fait supérieurement repérer la compagnie « Evidemment, constate mon père qui était alors avec le sous-lieutenant Herbillon, « la préparation d'artillerie a commencé et les mitrailleuses qui avaient vu ont commencé à faucher » ; on sait le carnage qui a suivi, l'ennemi savait où tirer et bombarder. On peut comprendre ce que mon père pensait d'un tel officier et des ordres qu'il donnait, c'était déjà le cas en Champagne.

Le casse-pipe, mon père en est conscient, il ne refuse pas d'y aller, ce qu'il réprouve, comme beaucoup, c'est qu'il soit organisé, commandé par des inconscients et bien sûr sans que soit appréciée l'importance des vies humaines qui sont engagées et que l'on dispose des hommes comme de la matière consommable.

C'est un sentiment presque unanimement ressenti, du côté français comme du côté allemand, à propos de beaucoup d'offensives. Je citerai encore ici ce passage du récit de F. von Unruh qui m'a fait repenser à ce que mon père disait de son commandant de compagnie, ce triste Potel. La scène relatée se situe peu avant la reprise d'une offensive allemande sur Verdun qui se soldera par un échec mais qui aura coûté énormément de vies humaines : « Le Général en chef des Armées salue le Général commandant le Corps d'Armée et lui demande abruptement « Jusqu'où ? »-« Toujours au même point, Excellence « répond le Commandant d'Armée - le Général en chef mâchait sa moustache : « comment cela ? » . Le Commandant d'Armée: « nos hommes n'en peuvent plus », il ramasse un dossier sur la table. « Voici le compte rendu de mes pertes » Le Général en chef le parcourt et le lance à travers la pièce. « C'est tout naturel que nous ayons des pertes... il faut faire avec ces corps...400.000 morts ? C'est le chiffre que j'avais prévu ». Le Général en chef salue sèchement et quitte la pièce avec sa suite. Devant le Commandant de Corps d'Armée était déplié l'ordre d'attaque pour le lendemain encore 600 vie humaines »

Il est probable que c'est au même type d'officier que l'on doit ces quelques mots cassants à l'adresse d'un grand blessé « pourquoi êtes-vous tombé »

Pourtant ...

Ces chers et braves poilus, ils étaient là en face pour tenir jusqu'à l'épuisement et rester bien qu'isolés, cernés, appelés à mourir sur place en vendant leur vie le plus chèrement possible. Ils le savaient, les poilus, car : « la résistance de Verdun ! C'est à eux et à eux seuls qu'on la doit…

Je te salue bien bas Poilu…

Ta gloire est de rester là, malgré les balles, le feu et l'asphyxie ; tu endures, impassible, le soleil, la pluie, les intempéries et les privations. Tu ignores le repos, tu ne dors jamais, tu es devenu

« Pour Verdun « j'aimerais mieux que Verdun soit tombé et pas vous ! »[22]

quelque chose d'inerte, d'enraciné comme un bloc de granit… [23] »

Ces mots ne sont pas de mon père, ils sont de son beau-frère Robert Desaubliaux, mais ce qu'il a vécu avec ses poilus dont il était si proche, montre à quel point, ces mots, il les a faits siens.

Alors, les poilus, peut-on affirmer qu'on les y a contraints ? Pas toujours même si l'on doit s'étonner et se demander comment il était possible qu'ils aient tant souffert et enduré ; pas toujours si l'on pense à ce que nombre d'officiers et de sous-officiers ont partagé avec eux, sachant quel était leur courage au travail comme au combat, mais évidemment l'ordre de marcher vers la mort ne pouvait être accepté par les hommes que jusqu'à un certain point.

---

[22]

[23] Robert Desaubliaux, *La Ruée – Etapes d'un Combattant* , p.297. *La* Ruée est publiée en 1919 comme *Les Croix de* Bois de Roland Dorgeles ; leur réflexion est empreinte de la même chaleur humaine : « nous acceptons tout : les relève sous la pluie, les nuits dans la

boue, les jours sans pain, la fatigue surhumaine qui nous fait plus brutes que les bêtes ; nous acceptons toutes les souffrances, mais laissez nous vivre, rien que cela : vivre…ou seulement le croire jusqu'au bout, espérer toujours, espérer quand même. » *Les Croix de Bois – Chap. X Notre-Dame des Biffins.*

CITATIONS

A l'ordre du Régiment - Ordre N° 212 29

« Très bon sous-officier. A été blessé deux fois au cours des combats de Vaux Chapitre, le 21 juin 1916, en résistant à une attaque ennemie »

Au Grand Quartier Général, le 2 août 1919

Le Maréchal de France Commandant en chef les armées françaises de l'Est Pétain

A l'ordre de la 7ème Brigade - Ordre N° 166

« Engagé volontaire à 17 ans et demi, a fait preuve du plus ferme courage, notamment le 21 juin, au bois de Vaux Chapitre, où blessé, resté presque seul de sa section détruite, il a résisté à une violente attaque allemande, jusqu'à ce qu'une seconde blessure lui ait fait perdre le sens. Relevé par les Allemands, il a multiplié les tentatives d'évasion, s'attirant ainsi une cruelle aggravation de peine »

Le 27 septembre 1919

Le Colonel d'Ollone commandant la 7ème Brigade d'Infanteri

DECORATIONS

Croix de Guerre 1914-1918

Croix de Guerre belge

Médaille de Verdun

Croix du Combattant

Croix du combattant volontaire

Médaille des évadés

Médaille des blessés

Chevalier dans l'Ordre de la Légion d'Honneur
à titre militaire

Henri Oberthür

Remise de la Légion d'Honneur, cour des Invalides

EN BOCHIE

Calepin, 16 x 24 cm, comportant 92 pages dont 6 différentes, plus foncées, sur papier gris.

La mise en page reproduit exactement celle du calepin

Les aquarelles, dessins au crayon, certains peu aboutis, comme les réflexions les accompagnant, étaient pour Henri Oberthür le seul moyen qu'il avait de surmonter l'adversité et la souffrance qu'il éprouvait alors qu'il était prisonnier.

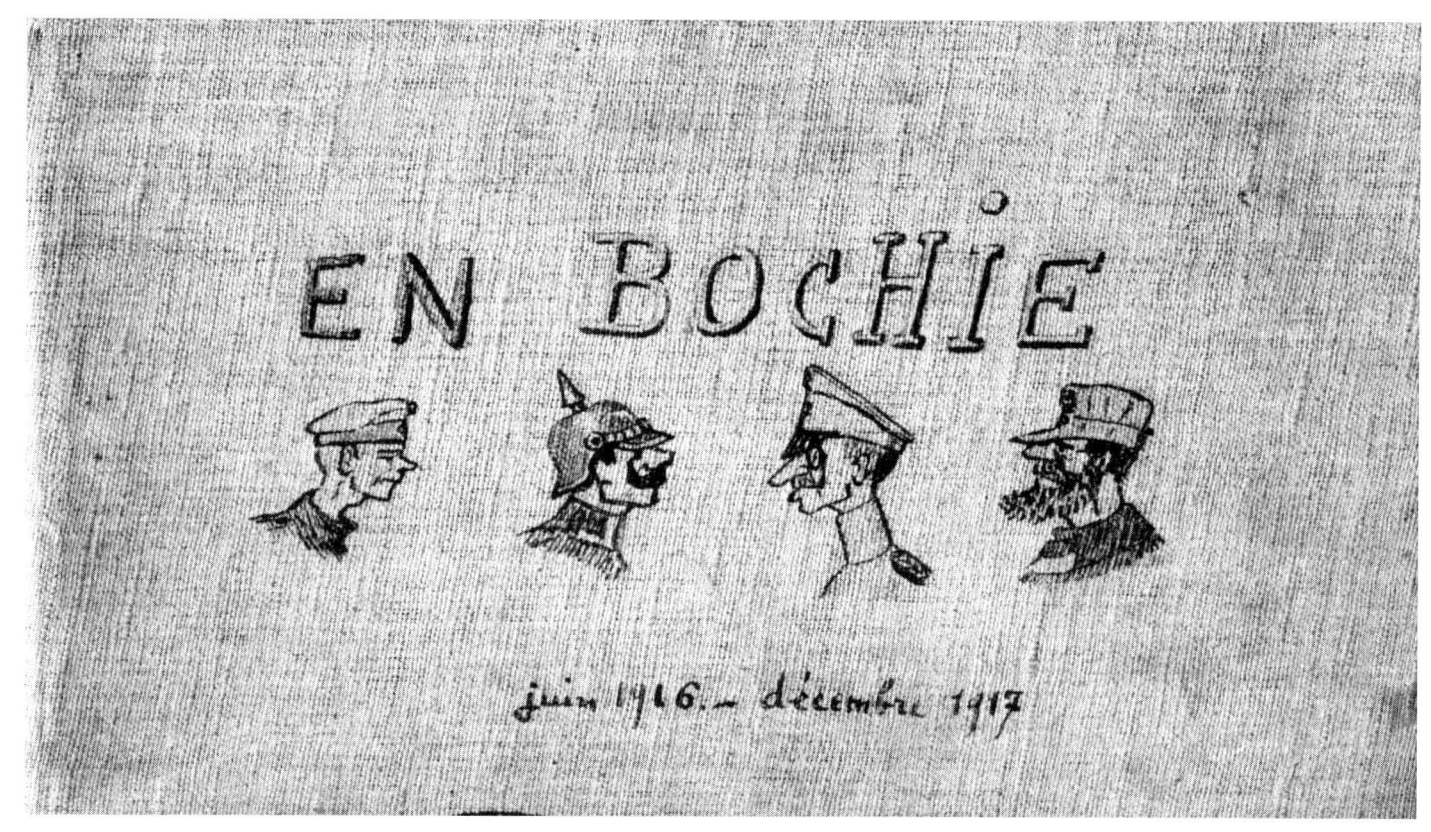

Le Ténia – vieux capitaine boche, terreur des prisonniers du camp de Sechfed en 1917 –

« Numero ? .... vierzehn Tage streng Arrest » —

113

Méditations d'un « géfangue » dans une cellule de Mittel arrest –

à Lechfeld, les cellules avaient été aménagées dans des écuries, transformées en prisons –
1 cellule claire de mittel arrest, ornée d'une fenêtre grillagée. alternait avec 2 cellules absolument
noires, sans fenêtre – Les cloisons doubles ne laissaient filtrer aucun jour dans les cellules de Streng arrest.
Comme mobilier : 1 mangeoire, 2 anneaux, un bas flanc un peu dur, 1 tinette ne sentant pas
la rose – 1 cruche d'eau – Le matin le geolier, surnommé « Rühe » (son cri chaque fois qu'il
rentrait dans la prison, tel un dompteur dans une cage de fauves – l'odeur des cellules permet cette
comparaison) vous donnait généreusement tous les matins un ½ de boule de pain KK –
C'est maigre pour 24 heures – Tous les 3 jours on a droit à la soupe, on la mange en
se pinçant le nez, mais on l'absorbe tout de même – et toutes les 3 nuits, on a la paillasse –
avantage que l'on négligea pendant un certain temps à cause des poux innombrables
qu'elles contenaient – au début lorsque les colis arrivaient régulièrement, Rühe ne faisait
pas le méchant; moyennant un bout de savon ou un bout de chocolat, il vous laissait parvenir
le ravitaillement par l'intermédiaire de la cuisine et vous laissait fumer en paix – Plus tard
lorsque les boches volèrent systématiquement les colis, la prison devint très dure – On donnait bien
des marks pour avoir un peu de rabiot de soupe, mais il était peu abondant et était donné
au plus offrant, de même que les paillasses supplémentaires – Le boche se faisait ainsi de beaux
mois – Les punitions étaient devenues Terribles : des 60 jours d'un coup – La prison pourtant grande
ne désemplissait pas – Et dans leurs cellules, les pauvres diables de prisonniers avaient le
temps de faire des méditations sur le sens de la vie, la bêtise et la méchanceté des hommes –
Rien dans le ventre, souvent même pas un seul mégot à allumer, leurs réflexions étaient plutôt pessimistes –

Distribution de soupe et de coups de bâtons aux prisonniers italiens nouvellement arrivés. — (novembre 1917) —

La sortie du camp   par les fils de fer –

Le long de la voie ferrée — La pause au bord d'un ruisseau —

On pose son sac pour se délasser — On fait le plein du bidon avec une eau glacée : malgré le froid, la soif est toujours terrible — On grignotte un biscuit et un bout de chocolat — On tire quelques bouffées d'une cigarette et l'on se dépêche de repartir, car on transpire et le froid vous saisit ; d'ailleurs la route est encore longue — On se remet en marche l'un derrière l'autre le long de la voie sur le sentier ou même sur les traverses, à pas lents comme des vieux d'abord : les articulations sont raides ; puis on s'échauffe et l'on accélère l'allure — On abat des Kilomètres souvent sans échanger une seule parole — Les mains dans les poches — la tête rentrée dans les épaules : le vent pique, glacial — On n'entend que le bruit régulier cadencé des souliers frappant le sol gelé et parfois une bande de canards sauvages qui s'envolent en criant dans le calme de la nuit.

Vers quatre heures du matin, à la recherche d'une bonne sapinière –

On quitte la voie ferrée et l'on s'enva à travers champs dans la neige, sur les labours gelés à la recherche d'un bois épais, jouvré, de préférence une sapinière, loin de toute habitation – quand cette nuit, la lune brille, le ciel est étoilé ; la planque ne sera vite trouvée – Mais la plupart du temps le brouillard couvre la campagne le matin et l'on erre longtemps avant de trouver – De loin on croit apercevoir la masse plus sombre d'un bois. on marche, on marche et le bois s'évanouit – on finit par trouver cette fameuse planque, terreur des évadés sans expérience – mais les sapinières ne manquent pas sur la route – On s'enfonce dans le bois, la neige glisse des branches et vous tombe dans le cou. On fait de fausses pistes, ou l'on marche à reculons pour que les traces ne vous trahissent pas – on s'arrête – C'est alors que commencent les pires souffrances ; le froid contre lequel on réagissait pendant la marche va vous saisir et pendant toute la journée, on claque des dents – Oh! que les heures sont longues !

123

évadés repris , en traversant un village à proximité de la frontière.
Chiarasini et moi – Ehingen. 13 décembre 1916. 8 heures du soir –

Retour au camp avec un terrible Posten.

Le Posten, qui s'est appuyé un long voyage pour chercher et ramener au camp le flüchtling, marmonne:

« Marsch, marsch! Was ist denn los? Ergott Sakrament!!! Weg!!!! Donnerwetter nochmal! Schwein, Franzose! Gott im Himmel! Teufel!!! »

casquette de vazier, des landsturm — élégante pipe bavaroise en porcelaine — une ferme aux couleurs fraîches et assorties — Le cirage étant cher, le bas des fines «Stiefel» est seul noirci —

127

Major des Chevaux-Légers

129

Juif russe faisant le commerce des boules de pain KK —

érieur d'une baraque en pierre (baraquements du temps de paix)

Les juifs russes, spécialement les polonais, ont laissé aux prisonniers français un souvenir odieux
Pleurant pour qu'on leur donne du pain, qu'ils allaient revendre aux boches ou à des prisonnie
affamés (comme les italiens, les nouveaux prisonniers à qui ils vendaient une boule vingt marks), cachant
l'argent ainsi escroqué dans leurs bottes. et mouchardant aux boches tous les préparatifs d'évasi

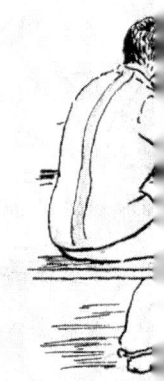

Clèbe niet pradaiot tavariche ?
Heraus, Russki !

Incident anglo-français au brasero.

133

Distribution d'eau chaude — Bloc Est — camp de Lechfeld — vue vers le Sud
On aperçoit l'enfilade des baraques des autres blocs, avec les bureaux de Compagnies sur la gauche
au delà des fils de fer à gauche, le champ de tir d'artillerie et d'aviation.
Plus loin les bois qui dominent la Lech.
À l'horizon, montagnes neigeuses du Tyrol.

Distribution de la Soupe —

Une louche pour chacun et après, le rabiot —

choucroute de rutabaga.

féveroltes —

maïs

orge

graines de soleil

choucroute.

Ersatz café

ersatz cacao.

parfum de la campagne_
Remplissage du « Zeppelin » dans la cour de la ferme_ Octobre 16

Le prisonnier envoyé au travail dans un bon Kommando, une petite
ferme où il a le boire, le manger, et le reste, n'est pas malheureux.
Il paye quelques litres de bière à la sentinelle

Die bäuerin.

140

141

La visite –

« Fous n'êtes bas malâte – Fous bouvez dravailler ; il vaut aiter l'Allemagne !
C'est la vaute des Anklais, on ne beut blus fous tonner à mancher –
Ecrifez chez fous te cesser le blocous – – – – – So, los ! »

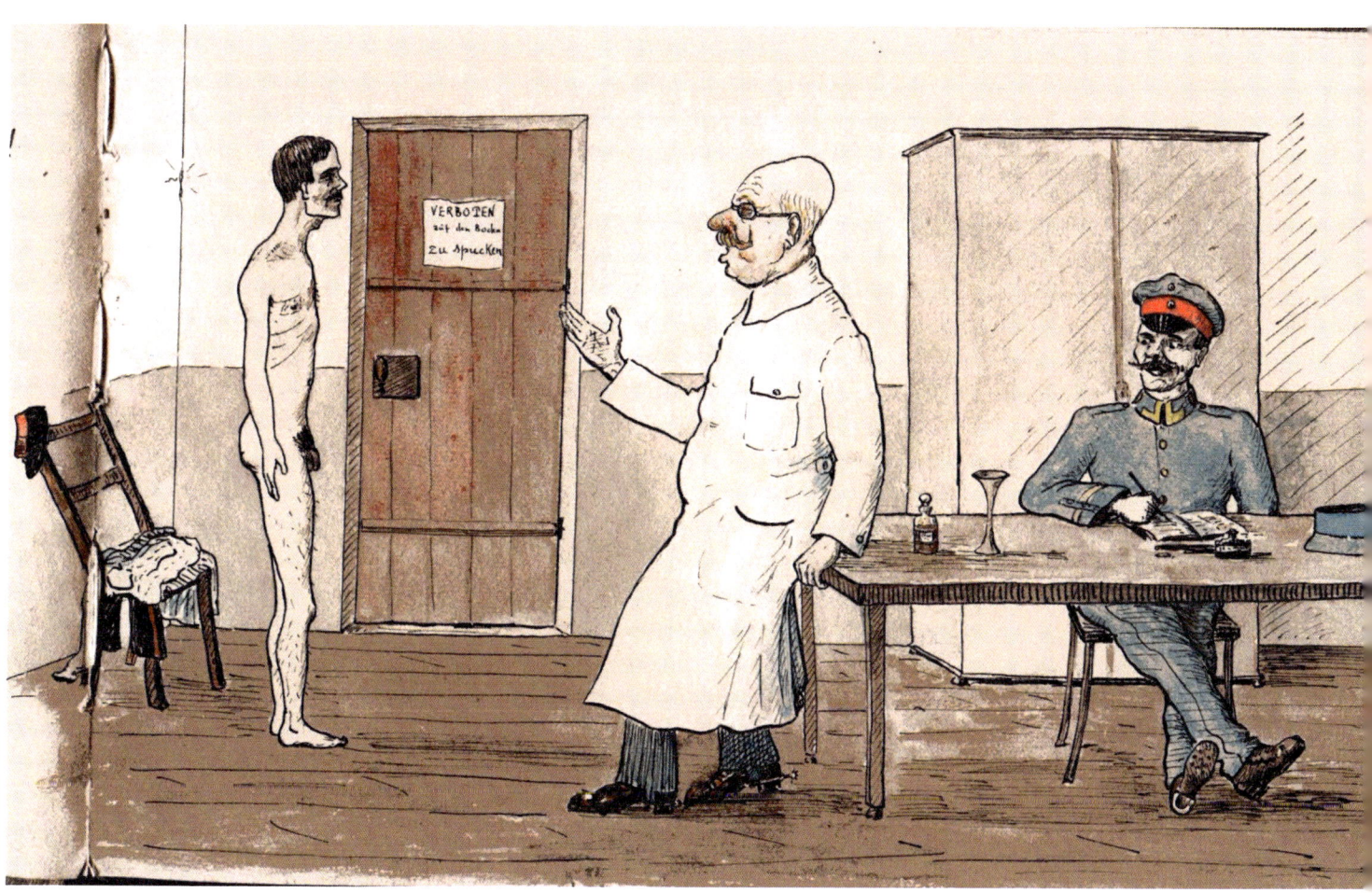

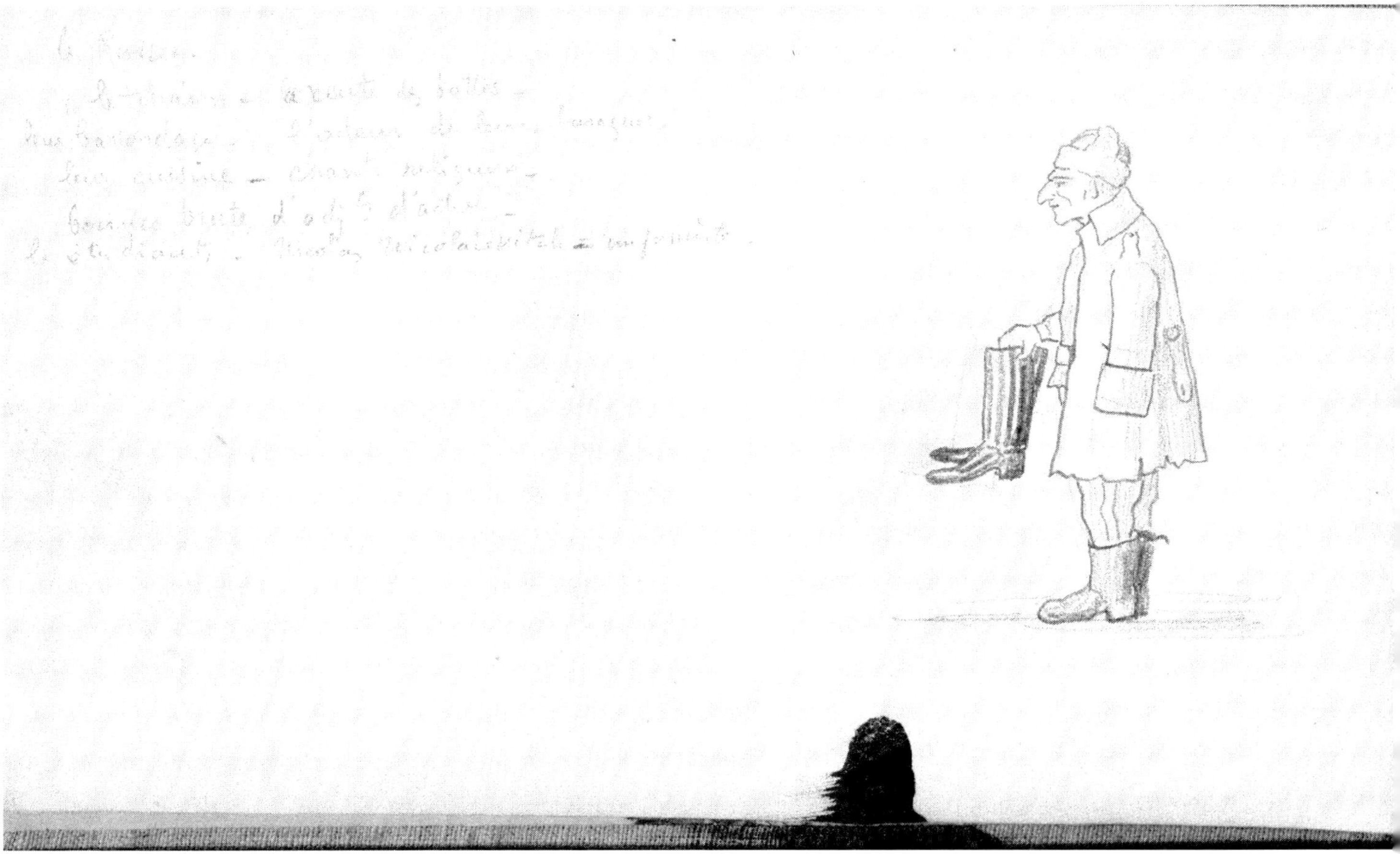

adjutant russe... pendant le the

148

149

Enterrement de deux italiens au cimetière de Lechfeld – nov. 17.

Passage de la Commission suisse —
accompagné de Coco Belœil

153

Я понимай

154

La suprême consolation : un Mâds de bière et un mauvais cigare –

155

Entrée en Suisse — 21 décembre 1917.

au fond la ville de Constance et les mouettes du lac — Dans le train, la joie déborde — Les nouv...

internés engueulent au passage les derniers Posten boches et saluent la sentinelle suisse — Les...

ne peuvent tenir en place dans le wagon, ils sautent, dansent la bamboula et chantent à...

les autres restent assis sur les moelleuses banquettes, en ouvrant les yeux tout grands, un so...

béat et stupide sur la figure, et se demandent si c'est vrai —

156

charrettes emportant des prisonniers italiens morts de faim et de mauvais traitements.
Lichfeld – novembre 1917 –

159

Psychose du fil de fer barbelé : les employées du Service auxiliaire dans les camps —

Halt ! Wer da ?

voie ferrée d'Augsburg à Kaufering — 26 février 1917 — 3 heures du matin —

l'appel du son d'hiver

Prisonnier évadé s'avançant en rampant vers la ligne des sentinelles —
Route de Riedheim à Ebringen — enclave de Schaffhouse — Le sommet de
la colline est en Suisse —

Le bivouac

Les boches pour empêcher les évasions qui se multipliaient, inventèrent cette punition qu'ils appliquèrent aux Français un traitement barbare essayé déjà sur les Russes et Serbes — mai 1917. Tous les évadés y faisaient un petit séjour, jusqu'à leur comparution devant le Herr Général qui statuait sur la punition. Beaucoup de prisonniers se virent infliger 7 jours de bivouac pour avoir fumé dans la baraque, pour avoir laissé du linge sécher sur les fils de fer après l'heure défendue, pour s'être couché sur sa paillasse dans la journée, pour avoir fait du feu avec quelque vieille caisse et pour d'autres crimes de la même gravité. On vous mettait à poil puis on vous fourrait sur le dos quelques défroques boches crasseuses et déchirées, l'on vous tondait les cheveux ras et l'on vous remettait des sabots de bois. Ainsi transformés en forçats, on vous livrait au geôlier qui vous enfermait dans un enclos de fil de fer barbelé, une cage de côté, sans aucun abri, avec un baquet d'eau pour tout mobilier. Un cinquième de boule de pain vous était remis chaque matin et constituait toute la nourriture de la journée. Une feuillée était creusée dans un coin. Le général venait s'assurer en personne que l'on n'avait ni manteau, ni flanelle, ni... Après avoir grillé pendant la journée, on gelait pendant la nuit et l'on restait plusieurs jours de suite avec des effets trempés par la pluie ou la neige. Quand le prisonnier à ce traitement n'était plus capable de se lever, le geôlier l'enfermait dans une cellule noire de la baraque des prisons à côté. Le bivouac existait encore en décembre 1917 quand j'étais...

L'hiver dans la baraque — Stratèges et orateurs autour du poële.

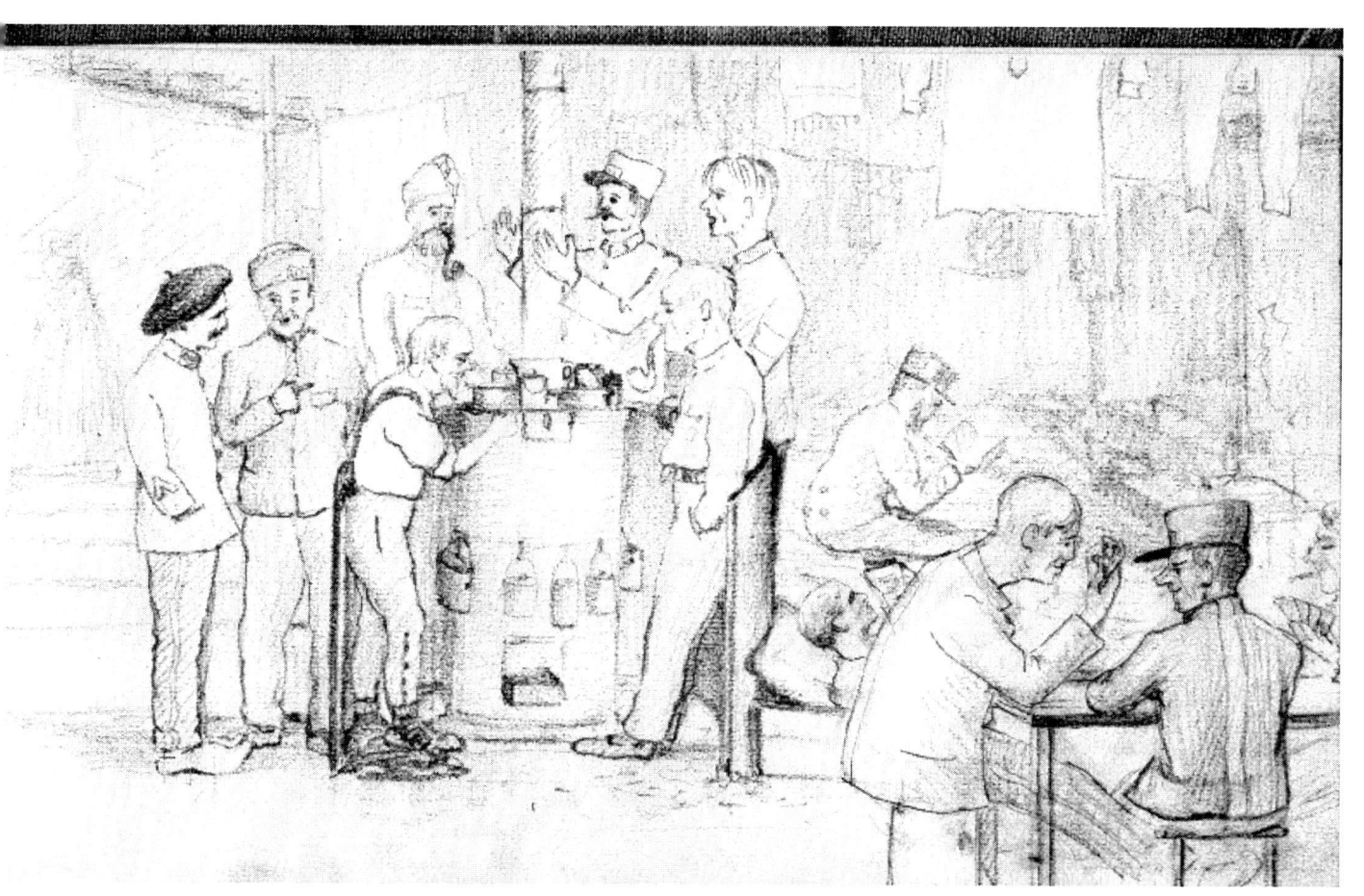

changement de camp.

Evadés « planqués » dans une sapinière pendant la journée — décembre 16.

Coco Bel œil   haranguant les sous-officiers réfractaires au travail —

Lechfeld — sept - oct. 1916

L'hauptman braille en agitant sa cravache :

« Sie Sind Kriegsgefangene und ---- etc. »

Le Dollmetscher (Weber) :

« Karde à vous - » —
« Monsieur la Kapitaine, il fous vait tire que fous êtes zoumis à la loi
allemante - Celui qui n'opéiront pas à toutes les ordres données, Monsi
Kapitaine sera obligé de les bounir très sévèrement et toute la Kompani
aussi bounie de bivaK ....

...ident de Route — Rencontre de civils à l'orée d'un bois — déc. 1916
à Waldsee — (Wurtemberg)

Weissenburg — 30 janvier 1918 —
vue prise du bas des Echelles —

181

Major X à Constance faisant aux prisonniers, qui attendaient leur départ pour la Suisse, un discours, en excellent français, d'ailleurs, sur le respect dû aux mouettes et sur la cruauté française.

Quand on surprenait des gamins méchants avec les oiseaux — En Allemagne, cela n'est pas aussi... celui qui fait cela, alors il reçoit de la prison ou une grosse amende — alors il ne faut pas —

183

Les biscuits. portion... ... ...

Manière d'arroser la ... ... en prenant ... ...

Quand ... désolés, ... ils ... ont ... tomber —

« La tôle », à 7 heures du matin –

Le geôlier « Ruhe » préside au vidage des tinettes et au nettoyage des cellules et du c...
     (rouhen)

Ruhe était cantonnier et avait à nourrir une « Frau » et plusieurs « Kinder », à qui il envoyait régulièrement les bénéfices réalisés sur les prisonniers ses clients –

Simple soldat – il fut nommé Unteroffizier, ce qui le rendit plus méchant – Plus un boche a de galons, p... son gosier devient puissant –

On l'appelait « Ruhe », parce qu'il interrompait par ce cri les conversations qui s'échange... de cellule à cellule, lorsqu'il entrait dans l'« arrest-baracke » –

186

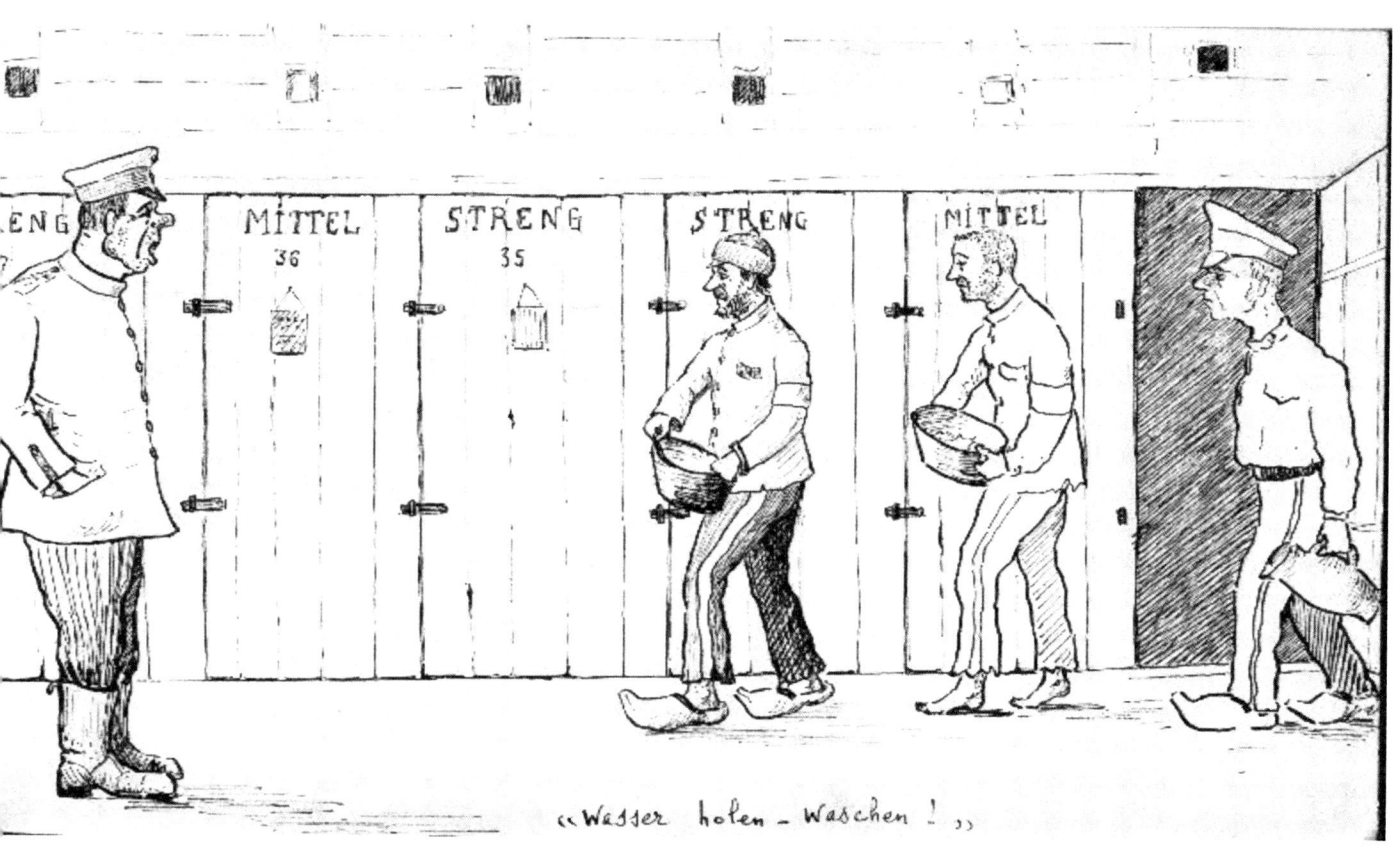

187

baraque des Évadés – (Fluchtlingbaracke).

baraque spéciale dans le camp où l'on enfermait la nuit les suspects, mauvaises têtes, ex-évadés – L'unteroffizier de service venait à 7 h. du soir faire l'appel et verrouiller la porte et venait rouvrir à 7 h. du matin – fenêtres grillées – tinette dans le couloir – Après nos 2 évasions de l'hiver (5 décembre et 25 février), Chiarasini et moi nous fûmes cons... comme dangereux ; comme les évasions se multipliaient et qu'elles se produisaient toujours de nuit, les boches inventèrent cette mesure de sécurité (mars 1917) – Je fis toujours partie de cette baraque avec mon complice Chiarasini et le sergent major Léca (rentré comme évadé en France et parti au Maroc) ; les autres pensionnaires changeaient de temps en temps – Lieut. Graumpel. Pa... Paolacci – adj. chef Matter – adj. Schneider – le sergent aviateur Niox (rentré comme évadé) en fit partie aussi pendant son séjour à Lechfeld – sergents Coquelin – Seitz – Maurin –
Je fus tiré de là pour partir »nach Konstanz».

Prisonnier
Roumain.

adjudant belge.
ancienne tenue.

190

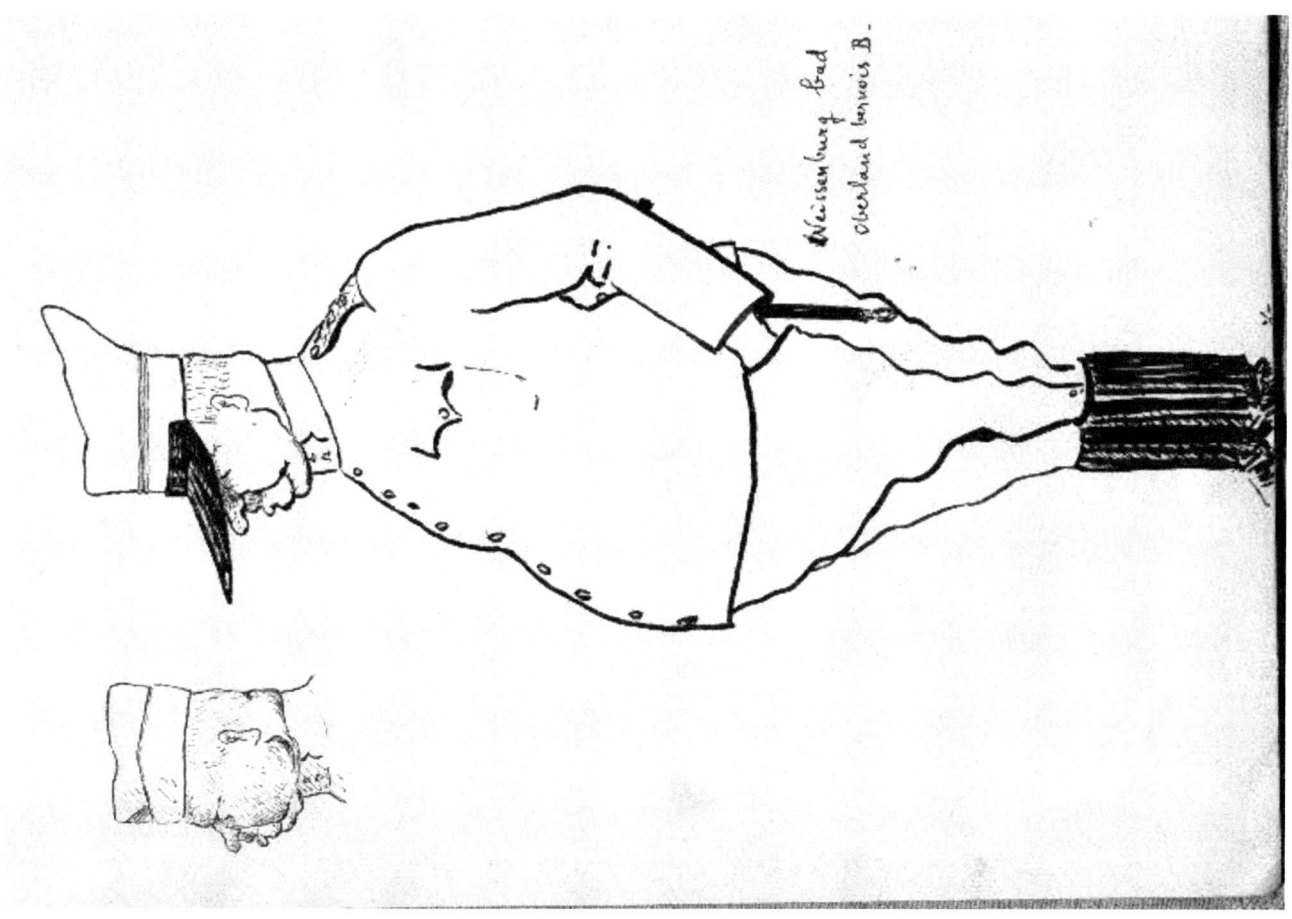

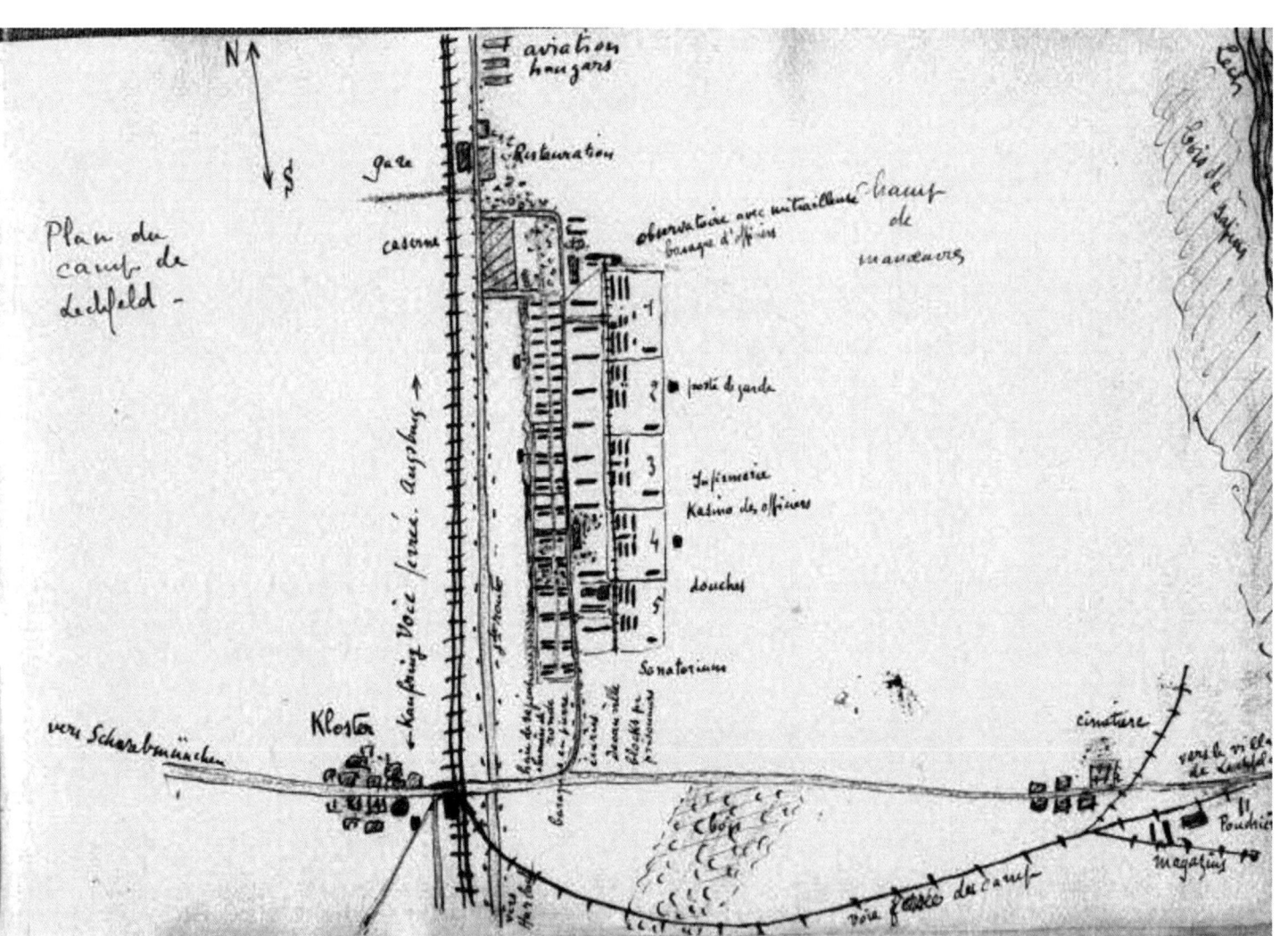

Plan du camp de Lechfeld -

N ↑
↓ S

aviation hangars

gare
caserne

Restauration

observatoire avec mitrailleuse
barrage d'officiers

Champ de manœuvres

1

2   poste de garde

3   Infirmerie
     Kasino des officiers

4

5   douches

Sanatorium

vers Schwabmünchen

Kloster

← Kaufering Voie ferrée Augsburg →

route

bois

voie ferrée du camp

cimetière

vers la ville de Lechfeld

magasins

ERCIEMENTS

Merci à mon épouse Mariel pour l'aide qu'elle m'a apportée, en particulier pour la recherche des images et la mise en page qu'elle a, seule, réalisée.

Merci à ma sœur Françoise et à mon frère Régis, ainsi qu'à mon cousin Henri Carlioz pour leur encouragement dans mon travail.

Merci tout autant à mes fils Etienne, Edouard et Adrien, ainsi qu'à mes neveux et nièces Alexis, Frédérique, Pascale, Arnaud, Mireille et Magali qui pourront grâce à ce livre se souvenir de leur grand-père.

Merci à Martine Veillet pour m'avoir soutenu dans ma démarche qui a été la sienne pour la publication des souvenirs de guerre de son grand-père Louis Maufrais.

CREDITS PHOTOGRAPHIQUES

Table

PROLOGUE 5

VOLONTAIRE POUR LE FRONT A 17 ANS 9

INCORPORE DANS L'INFANTERIE 14

AU FRONT : BOIS DE VAUX CHAPITRE DEVANT VERDUN - 21 JUIN 1916 38

AU CŒUR DE L'OFFENSIVE ALLEMANDE DES 20 - 23 JUIN 1916 38

EN BOCHIE-PRISONNIER EN ALLEMAGNE 55

INTERNE EN SUISSE janvier–juillet 1918 78

APRES LA GUERRE 85

POSTFACE 98

CITATIONS 106

DECORATIONS 107

EN BOCHIE 110

REMERCIEMENTS 193

CREDITS PHOTOGRAPHIQUES 193

Edition : BoD - Books on Demand
12/14 rond-point des Champs Elysées, 75008 Paris
Imprimé par Books on Demand GmbH, Norderstedt, Allemagne
ISBN : 9782322131747
Dépôt légal : décembre 2016